SORTILÉGIO

Coleção Paralelos

Coordenação de texto: Luiz Henrique Soares e Elen Durando
Preparação: Juliana Sergio
Revisão de texto: Marcio Honorio de Godoy
Capa e projeto gráfico: Sergio Kon
Produção: Ricardo Neves e Sergio Kon

Abdias Nascimento

SORTILÉGIO

CIP-Brasil. Catalogação na Publicação
Sindicato Nacional dos Editores de Livros, RJ

N193s
    3. ed.
    Nascimento, Abdias do, 1914-2011
    Sortilégio / Abdias Nascimento ; apresentação e prefácio Elisa Larkin Nascimento; colaboradores Ângelo Flávio Zuhalê ... [et al.]. - 3. ed. - São Paulo : Perspectiva ; Rio de Janeiro : Instituto de Pesquisas e Estudos Afro-Brasileiros, 2022.
    160 p. : il. ; 21 cm. (Paralelos ; 40)

ISBN 978-65-5505-108-7
    1. Teatro brasileiro. I. Nascimento, Elisa Larkin. II. Zuhalê, Ângelo Flávio. III. Instituto de Pesquisas e Estudos Afro-Brasileiros. IV. Título. V. Série.

22-77328
                                                  CDD: 869.2
                                                  CDU: 82-2(81)

Meri Gleice Rodrigues de Souza - Bibliotecária - CRB-7/6439
19/04/2022   20/04/2022

3ª edição.

Direitos reservados em língua portuguesa à

EDITORA PERSPECTIVA LTDA.

Alameda Santos, 1909, cj. 22
01419-100 São Paulo SP Brasil
Tel.: (11) 3885-8388
www.editoraperspectiva.com.br

2023

SUMÁRIO

9   Apresentação
       [Elisa Larkin Nascimento]

13   Prefácio
       O Sortilégio das Eras
       [Elisa Larkin Nascimento]

SORTILÉGIO
25

107 Sortilégio Para o Devir do Teatro Negro
       [Jessé Oliveira]

129 Entrevistas
       129 Com Léa Garcia
       141 Com Ângelo Flávio Zuhalê

153 Sobre o Autor e os Colaboradores
159 Obras de Abdias Nascimento

APRESENTAÇÃO

Duas efemérides marcam este ano em que reeditamos *Sortilégio*, o mistério negro de Abdias Nascimento: os duzentos anos da independência brasileira e os cem anos da Semana de Arte Moderna. Ambas permanecem como referências basilares da identidade nacional, registradas na memória convencional como fenômenos nitidamente brancos e paulistas. Assim contribuem para um imaginário branco e paulista dessa própria identidade. A peça *Sortilégio* e o contexto de sua gênese, o Teatro Experimental do Negro (TEN), pertencem ao campo da contestação dessa memória vigente. Com eles – a peça e o TEN –, e com seu trabalho nas artes plásticas, Abdias Nascimento se dedicou ao desafio de pensar, trazer à luz, valorizar e criar a partir de outras dimensões e protagonistas da identidade brasileira. Assim, ele atuou na transição entre duas eras: a do modernismo e a do contemporâneo.

Qual é o sortilégio que lança o moderno para o contemporâneo, senão a magia que emana do emergir de culturas há séculos suprimidas sob o jugo do colonialismo? Ao tomar a palavra na sua própria língua, por assim dizer, e lançá-la na arena do discurso público, os criadores dessas culturas desafiam o jogo do poder, mudam padrões, desmontam narrativas e hierarquias estabelecidas. Abdias Nascimento foi precursor e

◀ *Sobrecapa da primeira edição, Teatro Experimental do Negro, 1959.*

continuador desse processo. Ao fundar o Teatro Experimental do Negro (TEN) em 1944, ele atuava ao lado de companhias de vanguarda como Os Comediantes. O TEN participou ativamente do parto do teatro moderno no Brasil. Mas seu forte impacto na cena cultural da época ficou, ao mesmo tempo, fartamente documentado e mantido oculto[1]. Quem se formou em teatro ou história do teatro no Brasil raramente encontra essa referência na dimensão real de sua significação histórica.

Abdias Nascimento escreveu *Sortilégio* em 1951. A censura prontamente vetou sua encenação, alegando que o texto tinha a "intenção clara e insofismável de criar um clima de hostilidade entre pretos e brancos, instigando o ódio de raças, fenômeno esse felizmente desconhecido no Brasil"[2].

Somente em 1957 foi possível estrear a peça no palco do Teatro Municipal do Rio de Janeiro. O espetáculo provocou duras críticas, grande parte delas na mesma linha negacionista do argumento do censor. Alguns intelectos compreenderam a peça, no entanto. Foi o caso de Nelson Rodrigues:

E que grande e quase intolerável poder de vida tem *Sortilégio*! Na sua firme e harmoniosa estrutura dramática, na sua poesia violenta, na sua dramaticidade ininterrupta, *Sortilégio* também constitui uma grande experiência estética e vital para o espectador. Não tenham dúvidas que a maioria da crítica não vai entendê-la. Vão se atirar contra

---

1 Ver Abdias do Nascimento, *Teatro Experimental do Negro: Testemunhos* (Rio de Janeiro: GRD, 1966), disponível em <https://ipeafro.org.br/>, acesso em 8 mar. 2022; Elisa Larkin Nascimento, *O Sortilégio da Cor: Identidade, Raça e Gênero no Brasil*, São Paulo: Selo Negro, 2003, p. 251-380.
2 Peça e Processo: Abdias Nascimento, Sortilégio (Mistério Negro), 1951. Prontuário do Departamento de Investigações, Divisão de Diversões Públicas, Secretaria de Estado dos Negócios da Segurança Pública, DDP n. 3137, Arquivo Miroel Silveira/ECA/USP, apud Eliane de Souza Almeida, "Sortilégio (Mistério Negro), de Abdias Nascimento: O Teatro Experimental do Negro e a Censura", em Cristina Costa (org.), *Leituras e Releituras: Sete Peças Vetadas Pela Censura Lidas e Analisadas na Atualidade*, São Paulo: Palavra Aberta, 2017, p. 119.
3 Nelson Rodrigues, Abdias: O Negro Autêntico, *Última Hora*, Rio de Janeiro, 26 ago. 1957, em A. Nascimento, *Teatro Experimental do Negro: Testemunhos*, p. 157-158.
4 Ver Jessé Oliveira, Empretecendo os Clássicos, *Legítima Defesa*, São Paulo, ano 8, n. 4, 2021, p. 44-55. (Revista da companhia Os Crespos.)

Sortilégio. Mas nada impedirá que o mistério negro entre para a escassa história do drama brasileiro.[3]

O teatro moderno recebeu a peça com o receio e a rejeição reservados às criações que estão à frente de seu tempo. Vinte anos mais tarde, o autor reelaborou o texto, situando-o novamente à frente, já de um outro tempo. Hoje, quarenta anos depois, ao reeditá-lo temos o privilégio de constar que a peça ajudou a abrir caminhos para o desenvolvimento da dramaturgia, da teoria e da realização teatral protagonizadas por artistas e intelectuais negras e negros. Inúmeros coletivos e criadores de teatro negro atuam país afora e no exterior. Realizam-se grandes espetáculos e encontros nacionais de performance negra. Assim, o fenômeno de *Sortilégio* pode ser considerado, hoje, à luz de uma conceituação como a de *linguagem sincrética*, desenvolvida por Jessé Oliveira, fundador do grupo Caixa Preta de Porto Alegre, que nos deu *Hamlet Sincrético*, *Antígona* BR e *Ori Oresteia*[4]. Jessé contribui, nesta edição, com um ensaio sobre o devir do teatro negro que aborda a peça em diálogo com realizadores do teatro negro contemporâneo.

Temos o privilégio, ainda, de contar com os depoimentos de dois protagonistas de *Sortilégio*, em seus distintos tempos e textos. A atriz Léa Garcia interpretou a personagem Ifigênia (Efigênia na montagem original) na estreia do texto original da peça em 1957, no Teatro Municipal do Rio de Janeiro, e em outras encenações da época. Ângelo Flávio Zuhalê, fundador do coletivo e da Companhia Teatral Abdias Nascimento, na Universidade Federal da Bahia, dirigiu e produziu a estreia mundial do texto definitivo da peça em 2014, no Teatro Vila Velha de Salvador.

Abigail Moura, fundador e maestro da Orquestra Afro-Brasileira, compôs especialmente para a primeira versão de

Sortilégio[5] os pontos de Exu, Obatalá, Iansã, Iemanjá, Xangô, Oxumaré e Ogum, e um canto fúnebre de Jubiabá. Ao reelaborar a obra, Abdias Nascimento escreveu novas letras que foram publicadas na edição de 1979 sem as partituras musicais, que ainda não existiam.

Mais tarde, o autor solicitou ao compositor, artista, intelectual e ativista Nei Lopes que musicasse as novas letras. As partituras e as letras dessa parceria contemporânea na criação dos pontos de *Sortilégio* saíram publicadas, até o momento, apenas na versão da peça em língua inglesa[6]. Nesta edição, incluímos, pela primeira vez em publicação brasileira, as partituras das músicas de Nei Lopes.

Agradeço, comovida, a esses quatro autores, por elucidarem a trajetória da peça de Abdias Nascimento ao operar seu sortilégio das eras.

Elisa Larkin Nascimento
Ipeafro

---

5 A. Nascimento, *Sortilégio (Mistério Negro)*, Rio de Janeiro: Teatro Experimental do Negro, 1959.
6 Abdias do Nascimento, *Sortilege II: Zumbi Returns*, trad. Elisa Larkin Nascimento, em William B. Branch (ed.), *Crosswinds: An Anthology of Black Dramatists in the Diaspora*, Bloomington: Indiana University Press, 1993, p. 203-249.

1 Raio Que o Parta: Ficções do Moderno no Brasil. Disponível em: <https://www.sescsp.org.br/>, acesso em 9 mar. 2022.
2 100 Anos de Modernismo Negro, disponível em: < https://www.flup.net.br/>, acesso em 9 mar. 2022.
3 Em entrevista à autora, 3 mar. 2022.

PREFÁCIO
O SORTILÉGIO DAS ERAS

O centenário da Semana de Arte Moderna incentiva a lapidação de abordagens críticas em busca das muitas modernidades presentes, do Norte ao Sul, no Brasil[1]. Entre elas, podemos destacar o modernismo negro celebrado na 11ª edição da Festa Literária das Periferias (Flup)[2]. A noção realça o protagonismo dos Oito Batutas, cuja viagem a Paris naquela exata semana de 1922 os levou ao encontro de artistas negros de toda a Diáspora. Esse encontro engendrou estilos e gêneros apreciados mundo afora. Com Júlio Ludemir, curador da Flup, observamos que Pixinguinha era "um moderno tão relevante para a música popular brasileira quanto Heitor Villa-Lobos, num diálogo extraordinário com a sonoridade brasileira". Lima Barreto, o grande esquecido da Semana de Arte Moderna, era "possivelmente mais moderno que todos esses grandes autores da Semana de Arte Moderna Paulista"[3].

A peça *Sortilégio* tem sua gênese no Teatro Experimental do Negro (TEN). Ambos se enquadram perfeitamente no modernismo negro de Pixinguinha e Lima Barreto. Paralelamente, a pintura de Abdias Nascimento emerge de sua curadoria do Museu de Arte Negra, projeto do TEN. Vale observar que tanto a peça como a pintura ajudam a conduzir o modernismo em direção ao contemporâneo, fato registrado de forma inequívoca na exposição "Abdias Nascimento, Tunga e o Museu de Arte Negra", realizada pelo Inhotim em parceria com o Ipeafro[4].

A modernidade testemunha uma certa atenção para a alteridade subordinada, a ser registrada e interpretada pela criação artística e intelectual autorizada: ocidental e branca. Nesse sentido, criadores como Lima Barreto e iniciativas como Os Batutas e o TEN, protagonizadas pelos próprios subordinados, seriam excluídos ou teriam pouco espaço no modernismo. Lima Barreto foi tachado de pré-moderno. A arte moderna de artistas negros era considerada primitiva, *naïf*, folclore, artesanato ou mero registro etnográfico. A contemporaneidade se constrói e se caracteriza, me parece, pela afirmação dessas vozes sufocadas pela hegemonia ocidental ao assumir a própria fala, como faziam o TEN e o projeto Museu de Arte Negra. O jovem artista Tunga, que se tornaria um dos mais destacados da arte contemporânea, comentou em 1968, por ocasião da exposição inaugural da coleção Museu de Arte Negra, que "a arte negra foi a primeira a romper os grilhões das saturadas imagens renascentistas"[5]. A partir dali os dois desenvolveram seus trabalhos artísticos no rumo do contemporâneo, que se expressa, entre outras coisas, em motes como multiculturalismo e diversidade.

Entre as vozes sufocadas que se afirmam nessa transição está a feminina ou feminista. Simone de Beauvoir e outras atuam na modernidade dos tempos do TEN, é verdade, mas a primeira Conferência Mundial das Mulheres se realiza no México

---

4 Ver no sítio do Inhotim: <https://www.inhotim.org.br/>, acesso em 9 mar. 2022.
5 Entrevista no jornal *Correio da Manhã*, 7 mai. 1968. Acervo Ipeafro, disponível em: <https://ipeafro.org.br/>, acesso em 9 mar. 2022.
6 Tive ocasião de desenvolver essas considerações em meu livro *O Sortilégio da Cor*, especialmente nos capítulos 1 e 2, p. 29-112.
7 Roger Bastide, texto inédito escrito em 1972, a pedido de Abdias Nascimento, como apresentação à coleção de três peças do TEN que Abdias organizava e para a qual não encontrou editora interessada em publicar, p. 3.
8 Niyi Afolabi, A Visão Mítico-Trágica na Dramaturgia Abdiasiana, *Hispania*, n. 71, set. 1998.
9 Ver Ruth Landes, *Cidade das Mulheres*, Rio de Janeiro: Civilização Brasileira, 1967.
10 Leni Silverstein, Mãe de Todo Mundo: Modos de Sobrevivência nas Comunidades de Candomblé da Bahia, *Religião e Sociedade*, Rio de Janeiro, n. 4, 1979, p. 143-170.

em 1975 e o fenômeno "Me Too" só se consolida depois de 2015. A evolução do feminismo certamente é um fenômeno contemporâneo.

Entendo que a peça *Sortilégio (Mistério Negro)* expressa a marginalizada voz negra da modernidade. A reelaboração do texto, em 1978, o conduz à contemporaneidade por meio de novas soluções no campo da questão de gênero e da luta coletiva. Como afirmei na apresentação a este livro, considero que Abdias Nascimento opera, com sua dramaturgia, sua pintura e seu ativismo sociopolítico, um sortilégio das eras. Ele e seus contemporâneos — artistas e intelectuais negras e negros — desempenharam um papel principal, embora pouco conhecido ou reconhecido, na transição entre modernidade e contemporaneidade no Brasil e no mundo[6].

Sortilégio focaliza, em forma de rito africano, o drama do herói Emanuel. As personagens femininas parecem ficar em segundo plano. Roger Bastide lamenta que tanto Ifigênia, namorada negra de Emanuel, como Margarida, sua esposa branca, sejam "prostitutas"[7]. Niyi Afolabi opina que o papel secundário das personagens femininas reflete o hábito masculino de focalizar a vida afro-brasileira desde um ponto de vista patriarcal, subdimensionando o papel social da mulher negra e a especificidade de sua trajetória[8].

Essas avaliações incidem sobre as duas personagens da área "secular", por assim dizer, da peça. Os analistas não parecem lançar seu olhar sobre as três filhas de santo e, no caso de Afolabi, nem sobre a ialorixá, personagem da segunda versão do texto. Essas personagens protagonizam a dimensão espiritual, essencial à trama, e incorporam um aspecto singular das comunidades de tradição africana no Brasil. Refiro-me ao fenômeno que tanto encantou as antropólogas Ruth Landes[9] e Leni Silverstein[10] e que Sueli Carneiro e Cristiane Curi denominaram "o poder feminino no culto aos orixás"[11].

A ialorixá e as filhas de santo, enquanto agentes do processo de transformação de Emanuel, desempenham função central na estrutura da peça. Esse fato remete à questão de gênero nas culturas africanas. Oyeronke Oyewumi, por exemplo, demonstra que a cultura tradicional iorubá não atribui à condição de gênero um papel determinante de diferenças inatas ou funções sociais, nem de capacidades de ação, desempenho ou inteligência entre indivíduos[12].

Na sociedade ocidental, a predominância de mulheres em cargos de liderança nas comunidades de tradição africana constitui um fato diferenciador e incomum. A função e o prestígio social relevantes da mulher nessas comunidades, e a influência da continuidade de tradições culturais e sociais africanas na configuração desse fenômeno, constituem dimensões vivas e fundantes da trajetória da mulher negra na diáspora. Ambas – função/prestígio social e influência – estão presentes em *Sortilégio*, nas figuras da ialorixá e das filhas de santo. Em minha opinião, esse fato se contrapõe à avaliação dos analistas citados.

Já as duas personagens femininas que constituem o referencial das relações afetivas de Emanuel na esfera secular, por assim dizer, são a amada Ifigênia e a esposa Margarida. Nenhuma delas tem sua individuação desenvolvida em profundidade. Sua função na peça é configurar os embates psicológicos e sociais de Emanuel, nos quais elas tomam parte e pelos quais sofrem. Entretanto, ao desempenharem essa função, elas simbolizam, atualizam,

[11] Sueli Carneiro; Christiane Curi, O Poder Feminino no Culto aos Orixás, em Elisa Larkin Nascimento (org.), *Guerreiras de Natureza: Mulher Negra, Religiosidade e Ambiente*, São Paulo: Selo Negro, 2009, p. 117-144. Ver também o filme *Iyá Mi Agbá*, da Sociedade de Estudos da Cultura Negra do Brasil (1976), disponível no YouTube.
[12] Oyeronke Oyuwumi, *The Invention of Women: Making an African Sense of Western Gender Discourses*, Minneapolis: University of Minnesota Press, 1997.
[13] Ver E.L. Nascimento, *O Sortilégio da Cor*, p. 68-80; 102-112; 124-142.
[14] Cornel West, *Race Matters*, New York: Random House, 1994, p. 123. Tradução nossa em todas as citações dessa obra.
[15] Ibidem.

transformam e representam os conteúdos enunciados e as simbologias configuradas no decorrer da ação. Assim, são elas tão essenciais e centrais à peça quanto o herói masculino.

Ifigênia e Margarida são a âncora da peça na realidade social do racismo, fato coerente, se não inevitável, quando consideramos que as relações de gênero são ao mesmo tempo *constituídas por* e *constitutivas das* relações raciais, as primeiras funcionam como fulcro das segundas[13]. Cornel West observa que as "cicatrizes psíquicas e feridas pessoais hoje inscritas na alma da gente negra [...] se inscrevem nitidamente na tela da sexualidade negra"[14]. West formula uma questão que expressa o dilema encenado por Emanuel, Ifigênia e Margarida na trama de *Sortilégio*:

> Quais são as maneiras de regozijar os momentos íntimos de sexualidade dos afrodescendentes numa cultura que questiona a beleza estética do nosso corpo? Podem florescer para as pessoas negras relações humanas numa sociedade que agride e assalta a nossa inteligência, o nosso caráter moral e as nossas possibilidades?[15]

Emanuel desiste de Ifigênia, seu verdadeiro amor, em favor de Margarida, mulher branca que recorre ao casamento com ele para "tapar um buraco", como diz a Filha de Santo III. A virgindade perdida deixa Margarida "acessível" até a casar com um negro para salvar a honra. Assim, porém, Margarida tem a sua honra protegida. À mulher negra essa proteção é negada. Confiando na lei que "protege as menores de dezoito", por exemplo, Emanuel tenta defender Ifigênia perante a polícia, invocando sua condição de menor seduzida por um homem branco. "Acabe imediatamente com esses fricotes, vagabunda!" é a resposta da autoridade. Para Ifigênia, resta

"A eterna amargura da cor. Naquele instante compreendi que a lei não está ao lado da virgindade negra". Emanuel, por sua vez, é agredido pelo delegado aos gritos de "Meta o doutor africano no xadrez!"

Os embates com a polícia simbolizam a constante violência sofrida pelas pessoas negras em uma sociedade racista. Frequentemente, eles giram em torno de incidentes envolvendo relações entre os sexos, como quando a polícia não acredita que Emanuel possa ser noivo de Margarida e o joga novamente no camburão.

A injunção do branqueamento cai quase como uma responsabilidade cívica sobre a mulher negra:

> EMANUEL: Ah! talvez seja por isso... Acusam que negra não tem pudor... Mas se entregar aos brancos só por serem brancos é estupidez.
> FILHA III: Pois é. Em que é que branco melhora a raça?
> EMANUEL: Serem defloradas e atiradas para o lado que nem cadela...
> FILHA III: ...é limpar o sangue?

O estereótipo se estabelece como obra da própria discriminação. Ifigênia tenta, com a ajuda de Emanuel, criar uma carreira artística. Mas "Usei meu corpo como se usa uma chave. [...] Do meu talento não queriam saber, nem do ser humano que eu era... A única coisa que interessava era meu corpo! Fiz dele a minha arma [...] os brancos têm o privilégio. Sem eles, nada se faz."

Margarida satisfaz a curiosidade inspirada no estereótipo da virilidade do homem negro e logo se cansa de Emanuel, cuja solidão cresce ao descobrir que Margarida abortou o filho com medo de que nascesse negro. Provocado ainda

---

[16] C. West, op. cit., p. 127.

pelas tramas de Ifigênia, cujo ódio a Margarida é função não apenas do ciúme amoroso como também da injustiça racial, Emanuel mata Margarida e foge da polícia.

Margarida, a esposa branca, espelha os estereótipos negativos da pessoa negra e simboliza o simulacro de identidade a ela imposto pelas injunções de sobrevivência na sociedade racista. Ifigênia vive o lado feminino do conjunto de simulacro e estereótipos impostos sobre ela e Emanuel que compõe uma intransponível barreira entre os dois. Está esboçado o impasse apontado por Cornel West quando pergunta "Existe alguma saída?" e responde:

> Há saídas, sim, porém as saídas possíveis para os homens negros diferem muito das disponíveis para as mulheres negras. No entanto, nem o homem negro nem a mulher negra conseguirão superar esse impasse se não o conseguirem os dois, já que as degradações que ambos sofrem são inseparáveis, ainda que não idênticas.[16]

Se *Sortilégio* oferece uma solução simbólica e mítico-espiritual para Emanuel, para Ifigênia o que se concretiza é o destino decretado pela sociedade dominante, porém, aparentemente, com o aval das forças cósmicas. Ela é entregue à Pombagira, deusa do ato sexual: "Aos poucos minha carreira foi ficando para o lado. Os vestidos elegantes, as joias, os perfumes, meu corpo, até meu nome, tudo perdeu o sentido para mim. Um vazio completo. Só importava meu desejo de homens. Um desespero! [...] Parecia cumprir uma ordem divina... Igual sacerdotisa executando um ato litúrgico.."

De acordo com algumas interpretações, a divindade Pombagira seria uma contrapartida feminina de Exu. Ao invocar os exus no final da peça, o último nome pronunciado é justamente o dela. Parece que Ifigênia está convocada, junto com o herói, para o sacrifício ritual que configura a saída do impasse. Entretanto, na versão original a peça não concretiza essa solução em cena. Ifigênia some, sem assumir a sua parcela de responsabilidade na morte de Margarida e, portanto, sem se redimir, no instante anterior ao momento em que Emanuel realiza a sua transformação. Dessa forma, a amada funciona como agente da "salvação" de Emanuel, mas dela não participa. Assim, seguindo a fórmula de West, continuam os dois, homem e mulher afrodescendentes, sem superar o impasse criado pelo domínio da brancura.

Com essa solução, o autor parece assumir um valor clássico da literatura ocidental: a solidão do indivíduo diante de seu destino. Esse aspecto encantou alguns críticos que encontraram nesse recurso literário a fórmula para negar que a trajetória de Emanuel simbolize a da coletividade negra. Nesse discurso crítico, a personagem feminina não tem importância alguma; parece que Ifigênia nem existe na estrutura dramática da peça:

> E como o poeta divino da *Comédia*, que encontra o Paraíso ao ver extinto o objeto de seus desejos, nu e limpo como o primeiro homem, é também depois da morte de seus desejos que Emanuel poderá exclamar: "Eu matei Margarida. Sou um negro livre!" [...] Agora se pode morrer, o homem chegou à meta de sua existência – a liberdade – não precisando ocupar-se mais senão de seu próprio mistério. Tal é a peça de Abdias do Nascimento, cuja alta qualidade poética reside ainda no fato de não se deixar arranhar pela sustentação de teses, da mesma forma como seu

17 Gerardo Mello Mourão, Sortilégio, em A. Nascimento (org.), *Teatro Experimental do Negro: Testemunhos*, p. 155-156.
18 Adonias Filho, A Peça Sortilégio, *Diário de Notícias*, 10 out. 1958, em A. Nascimento (org.), *Teatro Experimental do Negro: Testemunhos*, p. 163-164.
19 Ver Abdias Nascimento, *Sortilégio: Mistério Negro de Zumbi Redivivo*, Rio de Janeiro: Paz e Terra, 1979.

sentimento da verdadeira liberdade não se pode confundir com as superstições de liberdade do homem grego e do homem moderno.[17]

Para elogiar a peça era fundamental negar-lhe a intenção de "sustentar teses". O drama de Emanuel poderia ser o drama íntimo de um indivíduo, mas nunca o da população afrodescendente. Diz Adonias Filho:

> Não se entremostra, entre personagens tão humanas em sua transfiguração poética, qualquer tese em função de qualquer posição. Emanuel não é o negro, é um negro. Embora tenha todas as marcas da raça, embora permita a superação da cultura adquirida pela entrega à crença do seu povo, é tão somente um negro que tem sua personalidade configurada em sua tragédia pessoal.[18]

Considero evidente que não era essa a intenção do autor. Emanuel é exemplo simbólico da coletividade e incorpora a denúncia de sua opressão. A dificuldade de compreender essa intenção autoral parece se ligar ao assassinato de Margarida. Os críticos não conseguem assimilar esse recurso simbólico, confundindo-o, fosse Emanuel um símbolo de sua raça, com uma perigosa convocação à prática do crime como protesto contra o racismo.

Vinte anos após a primeira edição, a segunda versão da peça traz como mudança fundamental a revisão da solução dramática do destino de Ifigênia[19]. Na última cena, no momento do sacrifício de Emanuel, Ifigênia "aparece e fica atrás de Emanuel; ela veste um traje ritual de Ogum". As Filhas de Santo anunciam: "Pronto! Obrigação cumprida!", mas na nova versão a peça não acaba aí:

Ifigênia põe a coroa de Ogum na cabeça e empunha a lança. O coro, as Filhas e a ialorixá saúdam "Ogunhiê!" e se atiram de comprido ao chão, batendo a cabeça no solo em sinal de reverência e obediência. Seguem-se momentos de silêncio absoluto. Depois Ifigênia levanta a espada num gesto enfático de comando gritando forte "Ogunhiê!" O ponto de Ogum se eleva e se transforma num ritmo triunfal e heroico.

A ialorixá saúda: "Axé para todos, para os mortos, vivos e não nascidos! Axé à vitória de nossa luta!" O coro responde repetidamente "Axé!...", e assim termina a peça: "Enquanto cantam e dançam, o pano desce lentamente."

Infundida do axé de Ogum, desafiador das fronteiras cósmicas[20], Ifigênia passa de prostituta desprezada a líder da comunidade. O coletivo se liberta com o sacrifício de Emanuel. A realização do destino simbólico do herói junta-se com o da heroína e se reintegra à matriz primordial, comunal, do drama ritual ao se livrar da convenção ocidental da solidão do indivíduo diante de seu destino.

O conteúdo enunciado na segunda versão da peça amplia de forma radical o seu alcance e explicita o seu simbolismo. É a abordagem da questão de gênero, fulcro da questão racial, que opera essa mudança. A mulher negra passa a agir não apenas como agente, mas como protagonista e líder na emancipação da coletividade beneficiada por esse drama ritual.

A atualização da questão de gênero e a opção pela solução comunal trazem a peça para a contemporaneidade de uma dramaturgia negra brasileira que evolui a partir do Teatro Experimental do Negro. Essa evolução tem base firme no texto *Sortilégio* de Abdias Nascimento, cuja própria evolução espelha a do coletivo.

---

[20] Ver Wole Soyinka, *Myth, Literature, and the African World*, London: Cambridge University Press, 1976.

Abdias Nascimento (Emanuel). Encenação de estreia, montagem do Teatro Experimental do Negro. Teatro Municipal do Rio de Janeiro, 1957.

SOR
TILÉ
GIO

(1959)
Esta peça, escrita especialmente para o Teatro Experimental
do Negro, é dedicada à memória de Aguinaldo Camargo
e a meu amigo Roland Corbisier.

(1978)
Aos meus filhos: Henrique Cristóvão, Bida, Yemanjá e Osiris.

Para Lélia Gonzalez, minha irmã de raça e de quilombo.

ABIGAIL MOURA, fundador da Orquestra Afro-Brasileira,
compôs pontos de orixá especialmente
para a primeira edição de *Sortilégio*.

No presente texto, os pontos de orixá têm
letras de ABDIAS NASCIMENTO
e músicas compostas por NEI LOPES.

SORTILÉGIO
foi escrita em 1951, estreada em 1957, pelo Teatro Experimental
do Negro (direção de Léo Jusi, cenários de Enrico Bianco)
e publicada em 1959;

foi reescrita em 1978
e publicada em 1979;

o texto definitivo aqui publicado
foi encenado pela Cia. Teatral Abdias Nascimento em 2014.

---

* O sacerdote-chefe do terreiro pode ser uma mulher – ialorixá –, neste caso ela será tratada como *iá* [*Iyá*] pelos devotos e filhas, ou pode ser um homem – babalorixá – que será tratado como *babá*.

PERSONAGENS

FILHA DE SANTO I
FILHA DE SANTO II
sacerdotisas da religião afro-brasileira
FILHA DE SANTO III

IALORIXÁ OU BABALORIXÁ★
mulher idosa ou homem idoso, sacerdote-chefe do terreiro.

ORIXÁ
espírito mensageiro das divindades

DOUTOR EMANUEL
advogado jovem

IFIGÊNIA
ex-namorada de Emanuel, agora uma prostituta

MARGARIDA
branca, jovem, esposa de Emanuel

TEORIA DAS IAÔS
noviças de Iemanjá, orixá do mar

TEORIA DOS OMULUS
"cavalos" de Omulu, orixá da doença e da saúde, da vida e da morte

CORO DE TAMBORISTAS, CANTORES, FILHOS E FILHAS DE SANTO
estes constituem os devotos que realizam a cerimônia da macumba durante o acontecer da peça

Todas as personagens, exceto Margarida, são negras.

OBSERVAÇÃO

O ritual da macumba constitui uma parte integral do "mistério negro". Entretanto, a cerimônia não deverá perturbar a ação e nem prejudicar a atmosfera de magia e irrealidade fundamentais à evolução do drama real e íntimo do herói. Aliás, uma transposição naturalista da religião afro-brasileira para o palco só prejudicaria a peça, que não pretende trazer à cena a fotografia etnográfica da macumba ou do candomblé, nem a simples reprodução folclórica dos rituais negro-brasileiros. Em respeito à tradição praticada no Brasil, incluímos as grafias Iyá e Oyá entre colchetes.

CENÁRIO

Bosque no alto do morro. Ao fundo, na metade esquerda do palco, há uma elevação de cerca de metro e meio de altura, ligada, por um caminho irregular, ao primeiro plano embaixo. Na elevação do segundo plano, existe uma pedra

◄ *Sérgio Laurentino interpretando* Exu *na montagem da Cia. Teatral Abdias Nascimento de* Sortilégio, *com direção de Ângelo Flávio, 2014.*

de mais ou menos um metro de altura por 35 centímetros de largura, lembrando a lápide marmórea de um túmulo: é a pedra do sacrifício, o templo de Ogum. No nível inferior, lado direito do palco, localiza-se uma espécie de pequena e rústica capela, o peji de Exu. À esquerda da cena se ergue a gameleira sagrada, árvore que limitará o espaço de cerca de um terço do palco onde ocorre a macumba e cujos componentes se perdem pelos bastidores; o ritual da macumba está em permanente penumbra, às vezes sob completa escuridão. Ao pé da árvore descansa enorme lança (machete) de Ogum, de forma estranha, quase uma zagaia africana. Na extremidade direita do palco, ainda no proscênio, tem início a ribanceira que contorna toda a metade direita, perdendo-se nos fundos, entre árvores. A borda da ribanceira tem uma altura do segundo plano. O material usado no cenário deverá ajudar a acentuar a leveza e a irrealidade espacial e temporal do ambiente. Ao abrir-se o pano, a cena está mergulhada em semiescuridão, como se velada por finíssima tela de filó. Pela folhagem, filtra-se uma circunferência de luar poroso, que ilumina as três filhas de santo, de cócoras, em volta da ialorixá (babalorixá) sentada num tronco baixo, meditativa. Vestem roupas rituais: a ialorixá em tons predominantemente azuis, pano branco na cabeça, ou Babalorixá de calça branca e blusão azul. As Filhas estão de branco e usam pano da costa nas seguintes cores: Filha I (Oxum) amarelo ou dourado, Filha II (Exu e Xangô) vermelho, Filha III (Ogum) azul escuro. No começo da peça, as Filhas trazem pano branco na cabeça; porém, no decorrer da ação, o pano deverá ser substituído por coroas rituais, estas tendo fios de pequeninas contas presos à sua parte superior que velam o rosto das Filhas.

FILHA I: Iá [Iyá], estou ouvindo alguma coisa... uns rumores longínquos... parecem latido de cão, não sei... Não estaria na hora de a gente começar?
IALORIXÁ: Uivos ao longe? Hum... talvez... talvez... Começar? Temos antes algo que fazer. Sim, temos de interrogar o colar da adivinhação primeiro. Confirmar os ditos da premonição.
FILHA II: E não há o perigo de Ifá também se enganar?
IALORIXÁ: Não. Ele confirma o conhecimento e a certeza. As verdades consumidas pelo tempo recobram vigência, são transparentes para Ifá... Ele, o que sabe das alvoradas que num futuro qualquer serão dias e noites... O sábio olho de Ifá é um olhar fixo no umbigo da criação... (*atira o colar de Ifá numa espécie de bandeja redonda, de madeira: são dezesseis contas, de sementes de noz-de-cola*). Os orixás também sofrem momentos de fraqueza, de equívocos, como nós...
FILHA I: O que é que o opelé está dizendo?

A ialorixá atira novamente o opelé-ifá; franze a testa.

FILHA III: Que aflição é essa no teu rosto, Iá [Iyá]? Ifá está perturbando a senhora?

IALORIXÁ: Quem gosta de perturbar é Exu, não Ifá. O que acontece é que vocês, jovens, são muito afoitos. Surulere. Paciência... (*atira o opelé novamente, ansiosa*). O que diz vou contar a vocês. Vejo, lá embaixo, como que uma cidadezinha muito antiga, quieta, perdida numa nuvem de pó vermelho. Tudo avermelhado; a frente das casas baixas, o teto, o ar...

FILHA II: Nasci e fui criada aqui... Não posso imaginar uma cidade assim tão velha!

IALORIXÁ: Velha, não. Eu disse antiga. Um peso denso de milênios pesa e dificulta. Tentarei saber mais (*atira apressada o colar*). Prestem atenção neste ensinamento; cada um dos nossos orixás é uma estrada aberta à nossa frente... Eles são portas do universo que se desvelam à aventura do nosso futuro...

FILHA III: Futuro da gente... preso ao passado?

IALORIXÁ: Procurem entender o que está além das coisas, adiante daquilo que falo. Às vezes as palavras traem. Não confiem só nas palavras. Exu conhece a linguagem dos humanos e dos seres divinos, perguntem a ele. Quem pode tocar a raiz do verbo oculto nas trevas do mistério oral? Ninguém tem o poder de revelar o segredo sagrado da fundação da palavra... segredo das coisas... Águas de Olokun transbordando, molhando. Obatalá bebendo, drenando, chão seco surgindo, se fazendo. Chão que os pés celestes pisaram antes, terra que agora jaz debaixo dos nossos pés mortais.

FILHA I: Tudo tão estranho, Iá [Iyá]. Neste caso, estaria se referindo a Ilê-Ifé?

FILHA II: Mas como poderia ser, se estamos aqui?

IALORIXÁ: O que significa aqui ou lá? Nada é impossível... nada é possível... Onde imaginam vocês que estamos agora? Não se assustem e nem se sintam perdidas... mas... aqui mesmo... bem perto de nós... Não ouviram o cão falando? Reparem lá em cima... (*aponta a pedra de Ogum que um foco ilumina fracamente*) Observem bem, pois vai haver rabo de cachorro se mexendo, se abanando... (*sorri*) Será uma longa jornada dentro do sangue, um mergulho na profundeza das menstruações. (*Fica silenciosa.*)

FILHA III: Então vamos dar início aos acontecimentos.

IALORIXÁ: Depois. Primeiro temos que despachar Exu. Mas há algo ainda... (*Sua fala se perde numa mudez gaguejante.*)

FILHA I: Fala, Iá [Iyá], continua... E depois?

IALORIXÁ (*reflete, observando o opelê*): Depois? Você falou depois? Ele, o que vem, decidirá. Exu levará a mensagem aos orixás. Acho que todos vão ajudar. De Oxobô virá Oxum nadando suas águas douradas. Xangô partirá de Oió trovejando relâmpagos, arrebatado pelos fortes ventos de Oiá [Oyá]... (*Observa fixa o colar.*)

FILHA II: Eparrei!

IALORIXÁ: Distingo ainda pedras na colina... parecem grandes seios... sim... é Abeocutá... peitos de Iemanjá pingando leite... escorrendo todas as águas... Águas correndo... correndo... rio Ogum se fazendo... fazendo... (*Novo silêncio; joga novamente o opelê.*) Parece que ainda há mais... Sim, os Eguns, também estarão presentes... Vão dançar o festival da passagem.

FILHA III: O rito dos ancestrais! Egunguns mortos... Egunguns vivos... todos juntos, reunidos, compartilhando a mesma essência... trocando idêntica promiscuidade...

IALORIXÁ: Isso mesmo. Certo. No começo... o princípio era um só. Tudo formava uma cabeça sem rupturas. Até que apareceu o desordeiro Atunda. Dele veio toda a confusão, a desintegração... os reinos se distanciaram uns dos outros.

FILHA II: Atunda? Iá [Iyá] disse Atunda? Mas quem é esse?

IALORIXÁ: Não é mais – ele foi uma força negativa. Desintegrou a unidade do cosmos. Mas essa não é a ocasião de falar nesse quebrador da ordem. Não devemos esquecer é que está na hora de dar comida a Exu. Não é bom fazer ele esperar. Comecemos o despacho... a obrigação.

Leves batidas de agogô acompanham os movimentos das Filhas de Santo, trazendo para a cena as coisas necessárias ao despacho: garrafas de cachaça, charutos, fósforos, alguidar com farofa, galo preto, velas etc. Gestos cabalísticos, estilizados; elas caminham em ritmo de dança.

FILHA I: Azeite de dendê... farofa...
FILHA II: ...marafo... charuto...
FILHA III: ...galo preto...

Torcem o pescoço do galo que se debate ruidosamente até morrer; rufla as asas, cacareja, por fim um pio agudo corta o espaço. Longo silêncio só perturbado pela batida do agogô.

FILHA I: O despacho está feito.
FILHA II: Despacho forte.
FILHA III: Pronto! Obrigação cumprida!
TODAS (*juntas, devagar*): Serviço bem-feito.
FILHA II: Emanuel não demora...
FILHA I (*corrigindo*): Dobre a língua. É doutor Emanuel.
FILHA III (*irônica*): Doutor lá para a branca dele. Comigo, não!

FILHA II (*conciliadora*): Há uma preta também na história: Ifigênia. Não se esqueçam.
FILHA III (*polêmica*): Tinha horror de ser negra.
FILHA II: Mas botaram nela nome de santa – Ifigênia. Uma santa trigueira.
FILHA III (*veemente*): Negra. Santa negra. Ninguém escapa da sua cor.
FILHA I (*lírica*): Queria ser branca... branca por dentro... ao menos por dentro...
FILHA III (*violenta*): Ninguém escolhe a cor que tem. Cor da pele não é camisa que se troca quando quer. (*exaltada*) Raça é fado... é destino!
FILHA II (*ingênua*): Será que por isso foi castigada? Pombagira entrou no corpo dela e não saiu mais.
FILHA I (*doce*): Pombagira é volúvel como o vento. Pôs chama no sangue dela. Ifigênia amou, se entregou, foi possuída por muitos homens. Nunca se contentava! Homens belos, fortes, alvos...
FILHA III (*vingativa*): Ela não amou, se destruiu. Pombagira se entrega por dever ritual, por obrigação... E Ifigênia? Se acabou, não passa de um bagaço, uma sobra... Se consumiu na chama do próprio sangue. Bem feito!
FILHA II: Será que cor é mesmo um destino?
FILHA III (*convicta*): O destino está na cor. Ninguém foge impune do seu próprio destino.
FILHA I: Parece que está certo. Veja o exemplo de Margarida. Desde pequenina tinha uma fixação no sexo negro. Mamou no seio da ama preta... Cumpria até preceito para Iemanjá...
FILHA III: Mas no final das contas humilhou o negro seu marido. Largou na miséria a ama de leite que ela chamava de mãe.

FILHA II: Preto quando renega a Exu...
FILHA I: ...esquece os orixás...
FILHA II: ...desonra a Obatalá...
FILHA III (*vigorosa*): Merece morrer. Desaparecer para sempre.
FILHA II: Palavras duras... Nossa missão não é de rancor.
FILHA III (*sádica, perversa*): Exu tremia de ódio, espumava de raiva, quando ordenou... (*voz de Exu disforme, irreal*) Eu quero aquele filho da puta aqui, de rastros, antes da hora grande.
FILHA I (*contemporizando*): Tremia... mas não de ódio. Exu só tem amor no coração. Exu só faz o bem.
FILHA III: E o mal. O bem e o mal. Faz também o mal. A cólera de Exu vai desabar sobre a cabeça de Emanuel. Aqui, quando...
FILHA II (*completando*): ...quando soarem as doze badaladas, Exu sai pelas ruas... procurando encruzilhadas e caminhos perdidos...
FILHA III (*dramática*): É a hora de Exu! A hora grande da meia-noite. Hora de sucessos espantosos!
FILHA I: Tenho pena!
FILHA III (*continuando, sem ouvir*): Sucessos de arrepiar os cabelos. Exu vai parar, vai confundir o tempo – passado e presente, o que foi e o que acontecerá!
FILHA II: Exu faz o tempo e o espaço. Ele agora está criando os próximos momentos de Emanuel...
FILHA III: No candomblé, Exu não baixa. Mas aqui na macumba ele é rei. Ele reina.
FILHA I: Emanuel ficará abandonado!
FILHA III: Não, não ficará. Cuidarei dos olhos de Emanuel. Apagarei neles a odiosa imagem branca de Margarida.

FILHA I (*maternal*): Então... a boca será minha. E os ouvidos. Quero aleitá-lo com marafo, para ter bastante coragem. Nos ouvidos, derramarei música e vozes... Inesperadas vozes que pescarei no fundo do seu poço de recordações.

FILHA II (*ingênua*): Não sobrou nada para mim? Ah... os pés... (*vai até à ribanceira, espia, volta ao seu primitivo lugar*) Os pés estão trazendo ele para cá. Vem o corpo sujo... (*ajeita um vistoso defumador*) Com este defumador purificarei Emanuel. A fumaça entrará pelos poros, pelo nariz...

FILHA III (*continuando a frase*): ...a crisálida estalará na tensão do transe...

FILHA I (*lírica, termina a frase*): ...e ele retornará sem memória... puro e inocente como um recém-nascido... à grande noite iluminada de Aruanda!

FILHA III (*mística*): Onde moram os orixás. Deve ser lindo viver em Aruanda!

FILHA II (*escutando no chão*): Vem fugindo... Perseguido por muitos...

FILHA III (*feliz*): Ninguém tocará nele. Só a espada de Ogum!

FILHA II (*triste*): Fere suas carnes...

FILHA I (*lírica*): ...acolhe seu espírito...

FILHA III (*exaltada*): Ai, espada incandescente! Ai, cão farejador de sangue... rastreador de justiça!

> *No segundo plano, surge o Orixá. As Filhas de Santo se juntam num canto. O Orixá usa máscara de expressão suave, paramentos de cerimônia religiosa. Durante toda a peça, representa em pantomima e em dança. Um foco de luz o segue sempre. Entra, observa a ribanceira; espera alguém. De repente fixa alguma coisa. Através da*

pantomima, demonstra que afinal enxergou o que esperava. Depois, rapidamente, esconde-se no segundo plano, atrás das árvores, e observa por uns instantes. Surge Emanuel, subindo a ribanceira. Primeiramente aparece a cabeça: olhos esbugalhados, gravata frouxa no colarinho, respiração ofegante. Vem de rastros, sobe cautelosamente. É um negro em traje comum de passeio, porém formal. Após certificar--se de que não há ninguém, salta para a cena, vasculha o palco, em seguida fala cansado, na direção da ribanceira...

EMANUEL: Dessa vez não me pegam. Não sou mais aquele estudante idiota que vocês meteram no carro forte. Aos bofetões. Preso por quê? Ah! o carro não podia regressar vazio à delegacia. Me racharam a cabeça a socos e cassetetes. Me obrigaram a cumprir sentença por crimes que jamais cometi ou pensei cometer. Não matei. Não roubei. Agora nunca mais hão de me agarrar de novo. (*Volta-se para continuar a fuga.*) Deve haver um jeito de escapulir. (*O Orixá desce do segundo plano ao primeiro, e desaparece magicamente no tronco da gameleira.*) Jesus! O que será isso? Assombração? (*Aproxima-se cautelosamente do tronco; vê o despacho; toca-o medrosamente com a ponta do pé.*) Ah!... é um despacho. Até galo preto! Então é despacho para Exu. Quanta porcaria... (*observa o peji*) Isso deve ser o peji... (*volta-se para a grande árvore*)... a gameleira sagrada deles... Neste caso, o terreiro é aqui mesmo! (*preocupado*) Que azar! Como é que vim parar num lugar como esse? Isso aqui é perigoso... Que imprudência! A polícia costuma dar batidas nos terreiros. Prendem tambores sagrados, os crentes, até as mães de santo.

FILHA I: Tão fácil prender um negro de madrugada!
EMANUEL (*profundamente magoado*): Um só, não; muitos. Como aqueles pobres diabos que me fizeram companhia.
FILHA II: Que crime cometeram?
FILHA III: Será crime a gente nascer preto?
EMANUEL: Talvez hoje tenham razão em me prender.
FILHA III: Terão mesmo?
FILHA II: Acho que não.
EMANUEL: Não, não têm. Primeiro: eu não queria matar. Minha consciência não me acusa de nenhum crime. Não assassinei... Apesar de ela ter morrido aqui nestas minhas mãos.
FILHA III: Ela morreu... Pronto, se acabou!
EMANUEL: Já estive preso muitas vezes. Não devemos nada um ao outro. (*Aproxima-se do peji, observa os elementos da macumba no palco.*) É por isso que essa negrada não vai pra frente. Tantos séculos no meio da civilização e o que adiantou? Ainda acreditando em feitiçaria, praticando macumba, culto animista! Evocando deuses selvagens... Deuses! Por acaso serão deuses essa coisa que baixa nesses negros boçais? Deuses! A ciência já estudou esse fenômeno, tudo não passa de histeria coletiva. De qualquer forma, é um estado patológico durante o qual esses fanáticos comem, bebem, dançam... Dizem que até o amor eles fazem no ritual! Quanta ignorância! (*sorrindo*) Engraçado, eles são devotos igualmente dos santos e do demônio... Exu é o anjo caído, o anjo rebelado dos macumbeiros...
IALORIXÁ (*oculta, voz grave*): Oh, Atunda!... Atunda!
EMANUEL (*prosseguindo, sem ouvir*): Só mesmo religião de negro... Orixás! (*preocupado*) Não estou seguro aqui.

Preciso dar o fora enquanto é tempo. Ir para bem longe.
FILHA I: Para o fim do mundo...
FILHA II: Para Aruanda!
FILHA I: Para o reino de Olorum!
FILHA II: Um lugar onde não ouça mais:
FILHA III: Negro quando não suja na entrada, suja na saída.

Emanuel tenta sair pela esquerda. O pessoal da macumba, que durante o fim do diálogo precedente tomou seu lugar na cena, faz soar subitamente os atabaques. Simultaneamente o Orixá surge sob a gameleira e faz o gesto de puxar alguém por uma corda invisível. Emanuel estaca, os tambores dão uma brusca parada. Silêncio. Ouvem-se depois as palavras cabalísticas da Ialorixá dando início à função ritual. Os atabaques começam uma espécie de fundo rítmico, em surdina, que às vezes nem se ouve, acompanhando os "pontos"; a música eleva e baixa o ritmo e a intensidade conforme as indicações respectivas. Emanuel recua de costas, como se puxado contra a vontade.

EMANUEL: E agora? Começou o maldito candomblé. (*Olha a lua.*) São umas onze horas e pouco. Só poderei dar o fora daqui depois da meia-noite...

Ouve-se o ponto de Obatalá, primeiro alto, depois em surdina.

Ponto de Obatalá

    Obatalá
    Infinito puro
    Serena brancura sem fim
    Orixá piedoso e soberano

Criou a terra, o ser humano,
O arroz branco, o alecrim

Cidade de Ilê-Ifé
Construção de Obatalá
Coração da nossa fé   (coro)
Lar sagrado dos Orixá

Proibiu o vinho de palma
Pra evitar a embriaguez
Que modela o corpo e a alma
Com defeito e mesquinhez

Cidade de Ilê-Ifé etc.   (coro)
Foi paciente na prisão
Só bondade e compaixão
Resgatado da injustiça
Ao algoz deu amor e perdão

Cidade de Ilê-Ifé etc.   (coro)

EMANUEL: Invocam Obatalá... para eles o maior dos orixás. Depois vem Xangô... Oiá [Oyá]-Iansã... Omulu... Iemanjá... É Deus demais para uma única eternidade. À meia-noite desce Exu. O pessoal vem cumprir obrigação aí no peji. Então eu aproveito o caminho livre. (*Bem-humorado.*) Exu é um boa--vida. Não pode ouvir doze badaladas sem sair atrás de charuto e cachaça... (*pensativo*) Imaginem... eu falando como se também acreditasse nessas bobagens. Eu, o doutor Emanuel, negro formado, que aprendeu o catecismo e em criança fez até a primeira

PARTITURA 1:
Ponto de Obatalá, música de Nei Lopes; letra de Abdias Nascimento.

PONTO DE OBATALÁ

Obatalá
Infinito puro
Serena brancura sem fim
Orixá piedoso e soberano
Criou a terra, o ser humano,
O arroz branco, o alecrim

Cidade de Ilê-Ifé
Construção de Obatalá
Coração da nossa fé   *(coro)*
Lar sagrado dos Orixá

Proibiu o vinho de palma
Pra evitar a embriaguez
Que modela o corpo e a alma
Com defeito e mesquinhez

Cidade de Ilê-Ifé etc.*(coro)*
Foi paciente na prisão
Só bondade e compaixão
Resgatado da injustiça
Ao algoz deu amor e perdão

Cidade de Ilê-Ifé etc.*(coro)*

▶ *Abdias Nascimento (Emanuel) e Ítalo Oliveira (Orixá). Encenação de estreia, 1957.*

comunhão! Pobre da velha mãe... trabalhava duro... lavando roupa pra fora... limpando... cozinhando... Às vezes até à noite... ganhando dinheiro para os meus estudos... Mas na hora de dormir ela não falhava; sempre ao meu lado.
VOZ DE NEGRA VELHA (*suave*): Reze primeiro antes de dormir. Repete comigo, assim... Ave Maria... Cheia de graça... O Senhor é convosco... Bendita seja entre as mulheres... Bendito o fruto do vosso ventre... Jesus!... (*A voz passa da oração a uma canção de ninar.*)
EMANUEL (*comovido, repete baixinho*): Ave Maria... Cheia de graça... O senhor é...
VOZ DE NEGRA VELHA (*ninando*): Dorme... filhinho... dorme...
Feche os olhinhos, neném...
Menino nasceu em Belém...
Dorme que a noite já vem...
FILHAS I, II, II (*juntas*): Boi... boi... boi...
Boi da cara branca...
Pegue este menino
Que tem medo de carranca...
VOZ NEGRA VELHA (*continua ninando*): Filhinho guloso já mamou...
Neguinho, pulou, brincou...
Agora, meu filho, dorme...
Dorme pra sonhar bonito...
S' encontrar com os Ibejito...
FILHAS, I, II, III (*juntos*): Boi... boi... boi...
Boi da cara branca...

Um ruído vindo da gameleira interrompe. O mesmo pio do galo estrangulado. Emanuel se aterroriza. Enxuga a fronte, respiração presa, olhos transtornados. Depois toca algo com a ponta do pé. Fala aliviado.

EMANUEL: Ah!... é o diabo deste galo acabando de morrer. Mas preciso estar alerta. Com um olho no padre e outro na missa. (*Espia a ribanceira.*) Hum... este buracão está escuro que nem piche. Se a polícia consegue subir, me ferra aqui de surpresa. Vou meter o pé na estrada de qualquer jeito.

Vai sair outra vez pela esquerda, o canto sobe forte e violento, como se uma parede se erguesse. O Orixá reaparece sob a gameleira, faz o gesto de beber no gargalo da garrafa. Emanuel recua, se contorcendo de susto.

EMANUEL: Que situação. Deus meu! Não posso atravessar essa macumba. Não que eu tema os orixás... Mas é loucura provocar a ira desses negros possessos. (*Abatido, senta-se sob a gameleira.*)
FILHA I: Margarida estava uma noiva linda...
EMANUEL: Não sei como aquilo aconteceu!
FILHA II: Véu muito longo e vaporoso...
EMANUEL: Tão inexplicável!
FILHA III: Carne leitosa, branca como lírio...
FILHA I: Ou como nuvem... Tão branquinha!
EMANUEL: Depois da cerimônia, nos beijamos... um beijo demorado e doce!

Margarida entra, vestido branco de noiva, longo véu cobrindo-lhe o rosto, segura um buquê de lírios de cabo longo. As Filhas I e II colocam-se a seu lado como damas de honra, usando máscaras brancas. Margarida vem num passo de dança semi-infantil que lembra a rigidez das bonecas: entretanto, ela obedece ao ritmo da marcha nupcial tocada num órgão. Ao se aproximar de Emanuel, este levanta o véu e ambos se abraçam e se beijam.

FILHA II (*encarando invisíveis convidados*): Por que olham tão admirados? Nunca assistiram a um casamento?
FILHA I: Igual a esse, nunca. Casamento de branca com preto? Onde já se viu?

A Filha III dança imitando grotescamente a marcha nupcial de Margarida, arrebata-lhe o buquê de noiva, continua dançando até encarar a invisível mãe de Margarida, quando então solta uma forte gargalhada de deboche. Nesse instante, bruscamente, cessa a marcha nupcial e Margarida desaparece, levando o buquê.

FILHA III (*gritando*): Sumam-se, fantasmas de magia branca! (*Vira-se para as Filhas.*) Viram a cara da mãe da noiva? Da sogra de Emanuel? Nem tristeza, nem alegria... Só o horror, o espanto diante do irremediável... (*Olhando as próprias mãos vazias, procura na cena.*) E o buquê? Onde está o buquê de lírios? Onde estão aqueles malditos lírios?
VOZ DA MÃE DE MARGARIDA (*lança uma maldição cujas palavras quase não se distinguem*): Malditos são vocês... e sua raça negra. Amaldiçoados estão para sempre. Desde os tempos da *Bíblia*!
EMANUEL: Na cerimônia do meu casamento! (*grita*) Vergonha!
FILHA III (*dirigindo-se às Filhas I e II*): Vergonha! Tirem depressa essa cara branca da morte. (*Ambas tiram.*)
EMANUEL: Tanta humilhação sufoca, derrota um cristão. Se ao menos houvesse um trago de bebida...
FILHA I: Para brindar o que, gente?!
FILHA II: Brindar o casório, ora essa!
FILHA III: Que casório? Emanuel já está noutra, muito longe. Ele quer brindar por antecipação. Saudar na véspera a metamorfose de si mesmo.

FILHA II: Metamorfose? Metamorfose igual de borboleta?
FILHA III: Exato! Igual a borboleta que abandona o casulo pra poder voar. Emanuel deixará a casca do ser que não é o seu próprio ser. Mas... devemos esperar os acontecimentos. Por enquanto ele é apenas uma fração de ser inquieta, incapaz de parar e repousar.
EMANUEL (*reatando seu raciocínio anterior*): E se eu experimentasse um gole dessa cachaça? (*Procura a garrafa, estende a mão para segurá-la, recua amedrontado.*) Dizem que bulir em despacho de Exu dá azar. (*Pausa breve.*)
FILHA III (*encorajando-o*): Superstição!
FILHA II: Beba sem medo.
FILHA I: Esta é uma bebida forte, de negro.
EMANUEL: Quero ver se o demônio dos negros é pior que o demônio dos brancos. (*Bebe, pausa esperando acontecer algo. Depois, zombeteiro.*) Como é, Exu? Não acontece nada? (*Rindo.*) Não vai me transformar num sapo ou numa cobra? Ou num demônio igual a você? (*Está rindo, sua expressão se transforma lentamente, fala absorto, fixando num ponto qualquer no espaço.*) Por que será que estou me lembrando disso agora? Eu ainda uma criança, na escola primária... Os colegas me vaiando...
VOZES INFANTIS (*num crescendo até gritar*): Ti...ção ti...ção ti...ção ti...ção ti...ção ti...ção ti...ção...
EMANUEL (*rígido*): Fugi... me perseguiram. Meninos maus aqueles. Me atiraram pedras.
VOZES INFANTIS (*decrescendo até murmurar*): Ti...ção ti...ção ti...ção ti...ção ti...ção ti...ção...
EMANUEL (*grito de dor*): Ai, minha cabeça!
FILHA III (*aflita*): Emanuel caiu! A pedra feriu a nuca dele!
EMANUEL (*atordoado*): Que escuridão de morte! Estou com os olhos abertos e não enxergo nada! Mas... que será

isso na minha frente? Parece uma flor... uma flor se libertando das trevas... Que flor mais esquisita!

FILHA I: Flor de branco puro como açucena!

FILHA II: Ou lírio. Branca imaculada igual um lírio.

FILHA I: Longo lírio de haste ferida, escorrendo um mar de sangue!

FILHA III: Maldição!

EMANUEL (*deprimido*): Tanto sangue! Como de uma pessoa varada ao meio por um punhal. Oh!... não me esqueço disso. (*Pausa breve, depois galhofeiro.*) Mas, o que tem a ver uma flor bela como o lírio com este Exu vida mansa? Bom marafo, charutos, comida no dendê, e dizem que até de mulher nova ele gosta também. Quem não gosta? Aí, Exu, isso mesmo. Abre um templo lá na cidade. Vai ver como todo o mundo corre pro seu terreiro. (*Sorrindo.*) Parece até igreja de padre. Pois não é que Exu gosta também de incenso? Deixa eu sentir o cheiro do perfume do diabo.

Acende o defumador. Envolta na fumaça, do tronco da gameleira, que se ilumina fracamente, sai Ifigênia, sob um foco de luz esverdeada. Negra jovem, traje vistoso, brilhante, mas de gosto duvidoso. Fuma constantemente, nervosamente. Movimentos e gestos que lembram marionetes. Sempre que aparece em cena, ouve-se o ponto de Oiá [Oyá]-Iansã ou de Pombagira. Saúdam "Eparrei!"

Ponto de Xangô e Oiá [Oyá]-Iansã

    Xangô no seu otá
    Nos ventos de Oiá [Oyá]
    Nas nuvens na pedreira
    No ronco da cachoeira

Em Oió [Oyó] Xangô é rei
CORO: Caorrei! Caorrei!
A seu lado está Oiá [Oyá]
CORO: Eparrei! Eparrei!

Trovoada de Xangô
Relâmpago de Oiá [Oyá]
Doçura de Oxum
Tristeza de Obá

Em Oió [Oyó] Xangô é rei
CORO: Caorrei! Caorrei!
A seu lado está Oiá [Oyá]
Eparrei! Eparrei!

EMANUEL (*surpreso*): Você, aqui?! O que é que você quer? Ainda me perseguindo? (*Crescente superioridade e desprezo em sua fala.*) Pode rir, negra ordinária. Foi o que sempre fez; rir-se de mim. Só que agora está sendo sincera, rindo na minha frente... Antigamente disfarçava... bancava a educada! Sabia fingir. Esqueceu de botar a máscara? (*Muda o tom.*) Ah!... sei... Você perdeu todas as esperanças, não é mesmo? Para que continuar enganando? Do fundo da sua perdição ainda lhe resta pelo menos uma última alegria: a alegria de me haver desgraçado para sempre. Está feliz agora? Agora que deixei de ser o advogado de futuro para me tornar num negro acossado pela polí... (*Olha rápido a ribanceira, e prossegue firme.*) Nunca hão de me agarrar, pode ficar descansada. Nem com você

PARTITURA 2:
Ponto de Xangô e Oiá [Oyá]-Iansã, música de Nei Lopes; letra de Abdias Nascimento.

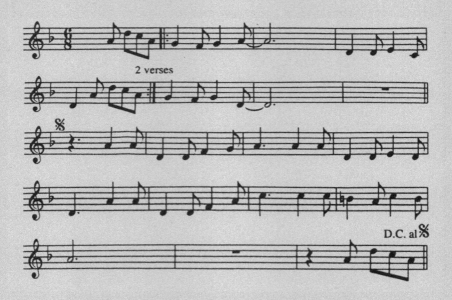

PONTO DE XANGÔ E OIÁ [OYÁ]-IANSÃ

Xangô no seu otá
Nos ventos de Oiá [Oyá]
Nas nuvens na pedreira
No ronco da cachoeira

Em Oió [Oyó] Xangô é rei
CORO: Caorrei! Caorrei!
A seu lado está Oiá [Oyá]
CORO: Eparrei! Eparrei!

Trovoada de Xangô
Relâmpago de Oiá [Oyá]
Doçura de Oxum
Tristeza de Obá

Em Oió [Oyó] Xangô é rei
CORO: Caorrei! Caorrei!
A seu lado está Oiá [Oyá]
Eparrei! Eparrei!

▶ Cleiton Luz e Zitta Carmo, como Emanuel e Filha de Santo, na montagem da peça de 2014.

nos meus calcanhares... Me farejando como cadela danada... (*Senta-se sob a gameleira.*)
FILHA I: O primeiro abraço...
FILHA II: O primeiro beijo...
EMANUEL: Naquele tempo eu acreditava em você. Como talvez tivesse acreditado em outra... que me falasse com a mesma ternura...
FILHA II: Que frêmito crispando a tépida noite!
EMANUEL (*continua, sem ouvir*): ...o mesmo tom de sinceridade...
FILHA I: Uma lua como esta boiava no céu...
EMANUEL (*com raiva*): Lembra-se, Ifigênia? (*Ela balança a cabeça sorrindo.*) E nenhuma desgraça cai sobre sua cabeça? Nenhum fogo do inferno consome seu corpo? A mão de Deus, onde está, que não aniquila de uma vez por todas a sua alma danada? (*Apanha a lança de Ogum, brande-a raivosamente contra a aparição. Reconhece subitamente a espada ritual, larga-a amedrontado.*) Cruz-credo! (*Ao voltar para Ifigênia, esta já desapareceu.*) Foi embora mesmo? Ou não tinha ninguém aí, e eu estava vendo assombração? (*Procura acalmar-se.*) Sabe de uma coisa? Sagrada ou não, o melhor será empunhar a espada. No último caso, servirá para varar as tripas de um polícia. (*Sorrindo.*) Deve ser gaiato espetar um tira. (*Faz com a espada gesto no vácuo.*) O bicho estrebuchando, e a gente furando mais, "Toma, isto é Exu vingando todos os negros que o Esquadrão da Morte assassina... Aqueles desempregado que vocês prendem como vadios... ou malandros... e depois enviam para a Ilha Grande"... (*Olha a lua.*) Que bela noite! Em noite assim não devia morrer ninguém...

FILHA I: Nem morrer... nem ser assassinado...
EMANUEL (*largando a espada*): Margarida morreu...
FILHA II: Morreu... ou você matou?
EMANUEL: Não... não matei. Se houve vítima, a vítima fui eu. As duas se odiavam. Mas contra mim agiram como aliadas. Me liquidaram antes de eu acabar de vez. (*Pausa.*) Ifigênia... Estava aqui ainda há pouco... Onde está você? Para onde foi? (*Transtornado.*) Ifigênia, volta! Ifigênia... Ifigênia...

Emanuel procura debaixo da gameleira, sobe ao segundo plano. Ifigênia reaparece em traje de ballet clássico, coroa do bailado do cisne na cabeça: executa alguns movimentos enquanto se ouvem alguns trechos da música do Lago dos Cisnes.

EMANUEL: Estou tão confuso. Não sei o que digo, o que faço... Não sei nem mesmo onde estou.
FILHA III: Okemogum!
IFIGÊNIA (*lentamente, como num sonho*): Está me esperando, querido... O que é que há? Não me acompanha até em casa? Acabou a aula de ballet...
EMANUEL (*indeciso*): Não sei, talvez eu preferisse que você... Bem... não é isso... (*resoluto*) Bem, se você estudasse outra coisa?
IFIGÊNIA: Como, outra coisa? Não discutimos o assunto tantas vezes antes? E a conclusão não foi sempre "ballet clássico"? Você não me queria misturada aos sambas de morro ou de gafieira. Me proibiu de frequentar os terreiros e aprender a dançar o ritmo dos pontos sagrados...
EMANUEL: Acho que... mudei de ideia. Aliás... mudei porque você também está mudando...

IFIGÊNIA: Eu?!
EMANUEL: Sim, você. De uns tempos para cá você nem me liga...
IFIGÊNIA: Então é isso? (*Carinhosa.*) Confia em mim, querido. Meu sentimento não muda nunca. É um só. Você é e será sempre o meu amor... Meu único amor... Para toda a minha vida.
EMANUEL: Confio em você. Neles, não... não confio. Quer ouvir tudo?
IFIGÊNIA: Tudo. Até a última palavra.

Enquanto Emanuel fala, Ifigênia desaparece, e reaparece no traje de prostituta.

EMANUEL (*explicativo, sincero*): Já observou como os brancos olham para você? Têm sempre um ar de donos, de proprietários. Trata-se de algo assentado na consciência deles. Nem se dão ao trabalho de um autoexame. Basta a um branco desejar uma negra e pronto, deita em seguida com ela.
FILHA II: Tem sido assim desde o navio negreiro!
FILHA III: Mas agora vamos mudar, transformar tudo.
EMANUEL: Oh!... que altera mais uma negra no bordel? (*Pausa breve.*) Meu íntimo me avisava que você jamais seria minha, nem de qualquer outro rapaz de cor. Uma negra formosa como você! "Meu cisne noturno", era como eu te chamava então. Se lembra? (*Pausa breve.*) Oh! Estou me tornando um sentimental estúpido. Devia era te meter o chicote... te rasgar os seios. Arrancar essa pústula que você tem em lugar de coração. (*Mordaz.*) E eu... certo de haver encontrado meu amor imortal! Não existe amor, seu besta. Existe... é essa negra decaída... te perseguindo...

FILHA III (*lírica*): E o cadáver de Margarida...
FILHA I: Pálido, boca aberta...
FILHA II: Olhos azuis de boneca fitando para o alto...
FILHA I: Os longos cabelos revoltos sobre o travesseiro...
FILHA III: As mãos aflitas sobre a própria garganta...
EMANUEL (*violento*): Maldita polícia atrás de mim. (*Pausa breve; Ifigênia sorri.*) Está rindo... mas sabe que não matei. Você sabe, não sabe? (*Emoção crescente.*) Por que não conta tudo? Diga à polícia que não matei Margarida. Olhe, prometo ir morar com você. Não é o que quer? Vamos viver juntos. Nem que seja no *rendez-vous* da rua Conde Lage... Tenho medo, Ifigênia. Não quero voltar para aquela penitenciária dos infernos. Sabe o que é a cadeia? Anos e anos trancafiado num buraco escuro e frio?
FILHA I (*sonhadora*): O mar túmido levando as distâncias, fecundando a terra...
FILHA II: Os passarinhos trinando no espaço aberto...
FILHA III: O azul enchendo o espaço e o tempo, dilatando o infinito...
EMANUEL (*amargo*): E a gente ali... Respirando e já cadáver... Pior que um defunto... Este pelo menos aguarda o julgamento de Deus. (*Os atabaques e o canto crescem.*) Essa zoada de Satanás atrasa com a gente. (*Grita.*) Parem... parem, pelas chagas de Cristo!

Ao pronunciar as últimas frases, Emanuel desce para o primeiro plano. Tira a gravata, enxuga o suor. Ifigênia desaparece. Mais calmo, Emanuel se aproxima da ribanceira.

EMANUEL: Ainda não vejo ninguém. Mas tenho certeza de que eles virão. Nem aqui no alto do morro nos dão sossego. Negro desce toda manhã... Faz força de sol a sol, quebrando pedra, tirando lixo das ruas, carregando peso no cais do porto... É só o que lhe permitem fazer. Ou do contrário o negro está curvado à porta dos gabinetes (*imita grotescamente*) "Sim senhor... não senhor... Sim senhor..." O negro desce o morro, mas... sabe lá se volta! Quando não é preso lá embaixo como marginal, perseguem o desgraçado até cá em cima. Quem não vira valente? Branco ou preto? E se defende? A pau... a bala... ou a faca?

Ponto de Iemanjá: saúdam "Odomi", respondem "Odoceiaba". No fundo da plateia, surge a Teoria das Iaôs, que se desloca rumo ao palco: dançam em movimentos que lembram o ritmo das ondas. É uma dança sensual, enfatizando os gestos de mulher vaidosa. Margarida está no meio, como se puxada numa rede que é seu próprio véu de noiva.

Ponto de Iemanjá

SOLO: Conchas, búzios, areia fina
        Palmeiras verdes na campina
        Rio Ogum, rochas na colina
        Morada bendita de Janaína

SOLO: Negra sereia de Abeocutá
CORO: Odomi... Odoiá!
SOLO: Águas maternas de Iemanjá
CORO: Princesa de Aiuká!
SOLO: Senhora das ondas
CORO: Da ressaca do mar!
SOLO: Abraça me beija
CORO: Ao clarão do luar!

SOLO: Oh! mãe das águas
CORO: Mãe dos peixes
SOLO: Rainha do mar
CORO: Não me deixes
SOLO: Não me deixes sozinho no mar
CORO: Odomi!
SOLO: Na loucura de amar
CORO: Odoceiaba!
SOLO: Ao mar me atirar!

SOLO: Conchas, búzios, areia fina etc.

FILHA I: Vai contar logo hoje?
FILHA III: Hoje, não. Agora. É preciso que ele saiba agora. Antes que Iemanjá chegue...
FILHA II: Iemanjá chegue trazendo na rede...
FILHA I: Agora não! É a véspera do ano novo. Esperem! Ele mal acaba de sair da prisão, coitado.
FILHA III: Tenho nada com isso. Vou gritar (*grita*), "Ifigênia é uma perdida!"

Emanuel leva um choque, sofre. Encaminha-se com passo incerto e lerdo para um canto, no proscênio à frente, senta--se num tronco baixo, olha a plateia como se contemplasse fascinado o mar.

EMANUEL (*baixo, para si mesmo*): Mentira... mentira... Tudo não passa de mexerico, calúnia de fuxiqueiras.

A Teoria das Iaôs já chegou no palco. Ouve-se grande e festivo ruído anunciando a passagem do ano: apitos, buzinas de autos, sirenes de fábrica, bombas, foguetório, cornetas etc.

PARTITURA 3:
Ponto de Iemanjá, música de Nei Lopes e letra de Abdias Nascimento.

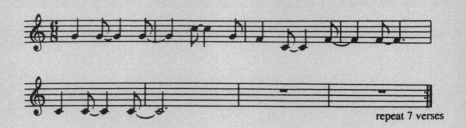

repeat 7 verses

PONTO DE IEMANJÁ

SOLO: Conchas, búzios, areia fina
      Palmeiras verdes na campina
      Rio Ogum, rochas na colina
      Morada bendita de Janaína

SOLO: Negra sereia de Abeocutá
CORO: Odomi... Odoiá!
SOLO: Águas maternas de Iemanjá
CORO: Princesa de Aiuká!
SOLO: Senhora das ondas
CORO: Da ressaca do mar!
SOLO: Abraça me beija
CORO: Ao clarão do luar!

SOLO: Oh! mãe das águas
CORO: Mãe dos peixes
SOLO: Rainha do mar
CORO: Não me deixes
SOLO: Não me deixes sozinho no mar
CORO: Odomi!
SOLO: Na loucura de amar
CORO: Odoceiaba!
SOLO: Ao mar me atirar!

SOLO: Conchas, búzios, areia fina etc.

▶ *Heloisa Jorge como Ifigênia, em Leitura Dramática da peça, Abriu de Leituras, com direção de Ângelo Flávio, em 2014.*

EMANUEL: Minha cabeça não está boa, estou zonzo, zonzo... Ouvindo barulho estranho, vozes esquisitas... De onde vêm essas vozes? Esquecidas cantigas... dilacerado amor...

VOZ DE NEGRA VELHA (*solfeja pequeno trecho da canção de ninar*): Dorme... filhinho... dorme.

MARGARIDA (*dirigindo-se à voz, vagarosamente sai do meio das iaôs, fala em tom infantil*): Babá... onde está você? Não te vejo, mas ouvi a sua voz... Bá, estou me sentindo tão fraca... Cadê teu seio farto? Fome, Bá... quero o teu leite grosso... morno... denso... Teu mamá grande... redondo... bonito...

FILHA III (*interrompe, sarcástica*): ...e preto... Seio bonito e preto. Vamos, repita, quero ver: seio bonito e preto...

MARGARIDA (*doce, sem ouvir*): ...leite forte... cheiroso... tão bom!

FILHA I: Branco, leite branquinho, branquinho...

FILHA II: Ai, leite branco! Ai, sangue vermelho!

FILHA I: Leite obscuro... sangue negro... Corre nas veias da gente... no talo das plantas...

FILHA III (*declama mística*): Sangue preto de Ogum correndo... correndo... Nas veias... nas minas... nas plantas... crescendo... Machete de ferro cortando... ferindo... matando... Tempos novos despontando... vida futura se abrindo...

FILHA II: Axé, Okemogum!

FILHA I: Até ouro e diamante mamou nos peitos da mãe-preta...

FILHA III (*reata a declamação*): Ai, coração bruto... Coração espoliador!
Cana doce... rubro algodão... café oloroso
Ai, perdido ouro... Sangue valoroso
Resgata o destino... vinga os tempos de dor!

MARGARIDA (*tom coloquial*): Rubro algodão? Algodão é alvo, puro, macio igual a minha pele. Vejam, toquem...
(*bruscamente reage e declama*)
Mas que sei eu, meu Deus...
de café, ouro ou sangue mineral?
Dindinha lua, cadê meu seio de algodão?
Meu leite do sonho, da consolação?
(*volta ao tom coloquial*) e minha Bá... onde estará?...
Iemanjá... Bá... onde está?
VOZ DE NEGRA VELHA (*solfeja as primeiras frases da canção de ninar*): Dorme, filhinho... dorme...
MARGARIDA (*continua a canção de ninar*): Dorme, filhinho... dorme...
Minha criança não nascida...
Dorme ferida no peito
Dorme a dor do mal feito...
FILHAS I, II e III (*cantam juntas*): Boi... boi... boi...
Boi da cara preta...
Pegue esta menina
Que tem medo de careta...
MARGARIDA: Dorme, filhinho... dorme...
Dorme e o perdão em mim...
Dorme sua noite de véspera
Dorme sua noite sem fim...
FILHAS I, II e III (*juntas*): Boi... boi... boi...
Boi da cara preta...
FILHA I: Cantiga triste, essa de Margarida... Parece até remorso...
FILHA II: Podia também ser arrependimento...
FILHA III: Duvido! Branca sabe lá o que é isso? Não veem como sugaram o leite das negras? O suor e o sangue dos negros? Qual foi o arrependimento?

O reconhecimento decente, justo? Que eu saiba, nenhum!

MARGARIDA (*dançando, volta ao seu lugar no meio das iaôs*): Iemanjá... tem compaixão, nossa mãe Iemanjá...

EMANUEL (*seguindo com o olhar os movimentos de Margarida*): Tão branca, e acredita em superstição de negros... Ou será que Iemanjá entrou no corpo dela? Dizem que filha de dona Janaína não escolhe... quer é ser emprenhada seja lá por quem for. Não! Essas são as Pombagira...

FILHA III: Pombagira não quer saber de nada com respeito a filhos... Ela só quer é trepar...

EMANUEL: Ah! talvez seja por isso... Acusam que negra não tem pudor... Mas se entregar aos brancos só por serem brancos é estupidez.

FILHA III: Pois é. Em que é que branco melhora a raça?

EMANUEL: Serem defloradas e atiradas para o lado que nem cadela...

FILHA III: ... é limpar o sangue?

FILHA I: E quando branca gosta de negro?

FILHA II: Margarida não se enamorou de ti?

EMANUEL: Isso é o que ela dizia. Que gostava... que me amava. (*Pausa breve*) Curioso eu não saber a diferença... Mas, não é a mesma coisa...

FILHA III: O que não é a mesma coisa, dr. Emanuel?

EMANUEL: Me lembrei. Ora um advogado não perceber logo uma diferença tão simples... (*acentuando bem as palavras*) Branco nunca é preso por fazer mal a moça negra.

FILHA I (*irônica*): Como fala delicado o doutor! (*Sublinhado.*) Fazer mal a moça negra...

FILHA II (*ingênua*): Não foi o que os brancos sempre fizeram? O mal?

FILHA III: Muito pior do que o mal. Estupraram as nossas avós africanas. Esqueceram? Violaram as nossas mães. Já perdoaram?
FILHA I: Violaram tudo... a terra dos ancestrais...
FILHA III: Invadiram!
FILHA II: A liberdade dos africanos...
FILHA III: Suprimiram. Escravizaram!
FILHA I: A riqueza... o trabalho dos negros...
FILHA III: Roubaram. Espoliaram!
FILHA II: As mulheres africanas...
FILHA III: Estupraram. Prostituíram!
FILHA I: A humanidade dos negros...
FILHA III: Embruteceram. Desumanizaram!
FILHA II: Os deuses africanos...
FILHA III: Profanaram. Negaram! Oh! Ogum! Espada sangrenta da justa vingança!
FILHAS I e II (*juntas*): Okê! Ogunhiê!
FILHA III: Ogum, fiador dos juramentos sagrados...
FILHAS I e II (*juntas*): Ogunhiê!
FILHA III: Te juramos, Oiá [Oyá]-Iansã, pastora dos mortos, senhora do raio fulminante! Te juramos, Oiá [Oyá], não esquecer... não perdoar!...
FILHAS I e II (*juntas*): Justiça de Iansã! Eparrei!
EMANUEL: Sou advogado... Um militante da justiça...
FILHA III (*com desdém*): Justiça dos brancos, onde a cor preta significa crime...
FILHA I: Cor maldita... Anjo negro só no inferno!
EMANUEL (*fala vago, absorto*): Certa vez vi um anjinho negro voando, numa certa igreja...
FILHA III (*sarcástica*): Dentro de igreja, ou do lado de fora?
EMANUEL (*continua sem ouvir*): Não me lembro... parece que foi Ouro Preto... altar de Santa Ifigênia...

FILHA III (*com profundo desprezo*): Anjinho barroco colonial! Anjo estrangeiro...
MARGARIDA (*aproxima-se de Emanuel, carinhosa*): Anjo negro meu... está sonhando com quem?
FILHA I: Deixa! Ele precisa sonhar.
FILHA II: Emanuel não sonha. As águas o estão chamando, atraindo ele... (*grita*) Não!...
FILHA III: Ele não se matará. Emanuel está apenas fascinado pelos presentes de Iemanjá.

As iaôs atiram flores e pétalas de rosas brancas na direção da plateia, como se fosse o mar.

FILHA III (*continuando*): Olhem como os presentes flutuam sobre o mar espesso... rosas brancas... lírios...
FILHA I: ...pentes... espelhos... perfumes...
FILHA II: ...colares... brincos... pulseiras...
EMANUEL (*sorrindo encantado*): Iemanjá vaidosa... Parece uma estrela de cinema. (*Margarida beija-o na face, vai juntar-se às iaôs, sempre dançando. Emanuel prossegue evocativo.*) Naquela noite, já estávamos noivos. Se lembra? Fomos a uma festa, um baile. Na volta, de madrugada, resolvemos respirar a noite, caminhamos um pouco... súbito, ao nosso lado, encostou aquela camioneta da polícia.
VOZ AGRESSIVA I: Um negro beijando uma branca à força!
VOZ AGRESSIVA II: É um assalto?
VOZ AGRESSIVA III: Está agredindo...
VOZ AGRESSIVA I: ...está violando a moça...
MARGARIDA (*protesta aflita*): Não está me assaltando. Não me agride.
EMANUEL: Os tiras me surraram. Socos, pontapés, cassetetes... Por fim, me atiraram como um fardo dentro do carro de presos.

MARGARIDA (*continua protestando enquanto se afasta o carro policial*): Ele é meu noivo... Meu noivo... estão ouvindo?...

EMANUEL: Eu, noivo dela! Não, não ouviram. Grades... outra vez grades...

> *O canto sobe, a dança das iaôs atinge o clímax. Emanuel está sugestionado. Entra o Orixá, põe resina no defumador e benze o negro com fumaça, depois dança alguns instantes, e sem tocar o corpo de Emanuel, o Orixá executa a saudação ritual, fingindo tocar-lhe num e outro ombro. Em seguida, tira do pescoço um vistoso colar de contas de ferro, a guia de Ogum, colocando-a no pescoço de Emanuel. Este se acha numa espécie de transe, por uns instantes dança acompanhando os passos que o Orixá continua executando. Subitamente Emanuel torna à realidade, atira ao chão com violência o colar de Ogum; nesse instante, desaparecem o Orixá, Margarida, e a Teoria das iaôs. O som dos atabaques cai repentinamente de intensidade. O negro fala amedrontado.*

EMANUEL: Que mironga é essa no meu pescoço? Quem está tentando me enfeitiçar? Não acredito em macumba, já disse. (*Pausa, reflete.*) Sempre debochei dessa canjira... (*pausa longa*) Mas... e se tudo for verdade? Se as coisas que estou vendo e sentindo estiverem acontecendo mesmo? Afinal de contas... é o culto do meu povo... Só porque me diplomei na universidade devo desprezar a religião do meu sangue? Se algum Orixá estiver tentando me livrar da cadeia dos brancos? (*Pausa. Volta-se para o lado onde Ifigênia desapareceu pela última vez.*) Quando menciono prisão, isso não te lembra nada, Ifigênia? Ou será que

até sua memória também apodreceu? Como fui estúpido... Te acompanhar àquele distrito policial...
IFIGÊNIA (*irrompe na cena e fala agressiva*): Acompanhou porque quis. Não te obriguei. Nem ao menos pedi.
EMANUEL: Você acabou de contar sua vergonhosa história com o tal José Roberto. Bancou a ingênua, a seduzida...
IFIGÊNIA: Banquei, não... Eu fui seduzida. Eu também já fui donzela, ora essa!
EMANUEL: Seduzida, você! Botar a mão num marido branco, isso sim era o que você queria. Marido branco... ainda que forçado pela polícia.
IFIGÊNIA (*sarcástica*): E você, com quem casou? Por acaso com uma negra? Negro doutor só quer saber de brancas, de louras...
EMANUEL: Você não tinha o direito de se queixar à polícia.
IFIGÊNIA: Ah, meu filho! Direito eu tinha. Todo o direito. Então um doutor em leis não sabe disso? A lei estava do meu lado. A lei protege as menores de dezoito.
EMANUEL: Que cínica!
IFIGÊNIA: Dura lex, sed lex. Não é assim que os juízes falam? Eu tinha dezesseis anos... Donzelinha!
EMANUEL: Se estava tão certa da lei, por que chorou? Vi amargura no seu rosto, quando o delegado gritou.
VOZ AGRESSIVA: Acabe imediatamente com esses fricotes, vagabunda.
IFIGÊNIA (*sincera*): Amargura? Sim, é verdade. A eterna amargura da cor. Naquele instante compreendi que a lei não está ao lado da virgindade negra... Mas você estragou tudo. Por que agrediu o delegado? Tem prazer em provocar policiais? Eles te derrubaram... bateram tanto em você! No corpo, na

cabeça... sangue espirrando... Oh, meu Deus! (*Pausa breve.*) O delegado rasgou sua carteirinha de advogado, jogou os pedaços na cesta de lixo e ordenou vociferando.
VOZ AGRESSIVA: Meta o doutor africano no xadrez!
EMANUEL (*deprimido*): Covarde!
IFIGÊNIA (*censurando*): Você procedeu como se fosse um malandro de morro. Para que, então, diploma, anel de grau no dedo?
EMANUEL: Chega. Não quero lembrar mais nada.
IFIGÊNIA: Quem chamou? Quem lembrou primeiro? Eu não fui...
EMANUEL: Podemos mudar de assunto. Lembrar os bons momentos... (*pausa*) Olhe... olhe depressa lá em cima... vê? Uma estrela escorregou no céu! Numa noite assim, de luar e infinitas estrelas... nós dois...
IFIGÊNIA (*dependura-se no pescoço dele, amorosa, é a antiga namorada*): Eu queria ser muito amada... Gosta muito de mim? Gosta mesmo? Fala! Gosta de verdade?
EMANUEL (*é novamente o antigo namorado*): Cada minuto que passa gosto mais. Como é lindo... seu perfil de cisne!
IFIGÊNIA (*abraça-o e beija-o na boca*): Planejei que fosse assim de surpresa, nosso primeiro beijo. (*Rindo.*) Gostou? O que é que está sentindo?
EMANUEL (*emocionado*): Se você soubesse! Se eu pudesse dizer... Tanta coisa!... Sinto... um turbilhão por dentro... Difícil explicar sentimento tão intenso... Acho que... primeiro... uma sensação de paz... de plenitude... Depois... vê aquela lua grávida, subindo lentamente? É como se eu estivesse montado nela... (*sorri*) Um São Jorge espiando o mundo lá do alto. Nada cá de baixo me atingindo mais...

nem a prisão... ou as complicações deste mundo duro. A palavra exata é essa: transfiguração. Transfigurei-me num ser alado. Meus pés não tocam a face da terra... Viajo para o infinito... para o eterno... Livre... livre...

IFIGÊNIA (*voltando a ser a prostituta vulgar*): Safa! Nunca imaginei que um simples beijo fosse capaz dessa calamidade... Provocar tanto palavrório... Tanta literatura barata!

EMANUEL: Você não compreende mais nada. Nada que ultrapasse os limites dos seus caprichos, dos seus desejos...

IFIGÊNIA: Satisfazendo meus desejos, meus caprichos (*mordaz*), estou conquistando meu espaço. Cavalgando minha lua, como diria você...

EMANUEL (*bebendo*): O renome, a fama que te ajudei a conquistar, te embriagaram mais do que essa cachaça poderia te embriagar. O público te aplaude... Os jornais te chamam de "grande artista", e você perde a cabeça. Só pensa nos brancos que te podem dar oportunidades.

IFIGÊNIA: Negro é maldição. Maldição de miséria, de sujeira... Detesto viver reclamando, lamentando como se fosse uma velha mãe preta. Se a infelicidade delas foi de ontem, a nossa é de hoje. Mas a desgraça é a mesma, é igual. Não quero fenecer, me acabar por aí. Preciso viver...

EMANUEL: A gente negra não feneceu. Está viva, não está?

IFIGÊNIA: Vegetando pelas favelas... Como poderia eu frequentar lugares decentes? Que rapaz de cor poderia me oferecer a festa que me oferecem esta noite? (*Emanuel volta-lhe as costas; ela, no tom da namorada carinhosa.*) Você compreende, não é meu bem? Eles vão só me levar a uma boate... Não precisa se

zangar... Está bem assim? (*Espera uma resposta que não vem.*) Você não me diz nada? Faz parte da minha carreira, querido. Hum... está cada vez mais piegas... igualzinho apaixonado de subúrbio...
EMANUEL (*afastando-se*): Eu, namorado de subúrbio! Não. Muito mais selvagem e primitivo. Minha vontade era te arrebentar. Antes tivesse arrebentado. Talvez assim nosso amor teria permanecido para sempre. (*Pausa, calmo.*) Tolice falar... Águas passadas não rodam moinho. Você se tornou uma causa sem remédio... (*raiva crescente*) Daqui sinto o bafo podre da sua boca profanada. A morrinha azeda que vem de ti me provoca náuseas. Agora não precisa mais escolher... Aceita qualquer um... Sem dúvida, debaixo dos lençóis todos os corpos são iguais. O desejo não vê cor. Só vê a fêmea e o macho. Mas você não se entregou ao José Roberto por amor, ou por desejo... Puro interesse. Foi só por interesse.
IFIGÊNIA: Usei meu corpo como se usa uma chave. Você me sugeriu imitar as colegas brancas. Então? Qual era a vida que elas levavam? Você sabia muito bem – vestidos elegantes, perfumes franceses, joias, música, uísque. No princípio, oh! como aquela vida me encantava!
EMANUEL: Também te encantavam os homens. Deitou com um, depois com todos eles... Esqueceu?
IFIGÊNIA: Esquecer? Não. Eu não tinha ainda dezesseis anos, e te amava. Gostava de ti como jamais gostei de nenhum outro homem. Mas precisava abrir caminho, vencer na vida. Do meu talento não queriam saber, nem do ser humano que eu era... A única coisa que interessava era meu corpo! Fiz dele a

minha arma, já que até você se ausentou. Gastava todo o seu tempo tentando conquistar suas brancas. Tive de caminhar por mim mesma, sozinha. Depois aconteceu o que não previ. Os homens se transformaram na única razão da minha existência. Aos poucos minha carreira foi ficando para o lado. Os vestidos elegantes, as joias, os perfumes, meu corpo, até meu nome, tudo perdeu o sentido para mim. Um vazio completo. Só importava meu desejo de homens. Um desespero! (*Lírica.*) Tão bom satisfazer desejo de homem! (*Mística.*) Parecia cumprir uma ordem divina... Igual sacerdotisa executando um ato litúrgico. (*Vulgar.*) Por isso deixei Copacabana... me transferi para a Lapa...

EMANUEL (*irônico*): Cópula sagrada! Falta de vergonha, isso sim. Cadela no cio! Mas Deus te castigou. Clamei aos céus e Deus me ouviu. (*Furioso, avança para ela.*) Castigo... castigo de Deus... Castigo do céu sobre tua cabeça... (*Ifigênia desaparece, Emanuel está perturbado com o canto que cresce, depois observa a ribanceira.*) Começa a clarear lá embaixo. Posso distinguir certos movimentos. Se eles tentarem subir será porque na certa me descobriram. Sabem que estou aqui. (*Olha a lua.*) Lua irmã... se move mais depressa, parece... Não demorará a dar meia-noite. (*O canto está mais alto, o negro põe as mãos nos ouvidos.*) O pior é essa cantoria que me deixa zonzo. É preciso ser macho mesmo para aguentar a situação. Mas... você tem nervos de aço, negro. Vamos... calma e firmeza. (*Sorri.*) Acho que outro trago me faria bem.

Emanuel bebe. O Orixá atravessa a cena com o buquê de lírios, agora ensanguentados. Parece uma estátua puxada num carro invisível. Emanuel fala com expressão estranha.

EMANUEL: Que negócio será esse?! Uma flor... lírios, quem sabe... (*Grita enquanto faz o gesto de colher uma flor imaginária.*) Isso é lírio ou assombração? (*O Orixá desaparece.*) T'esconjuro!... Não há nada, não havia ninguém... Será mandinga nos meus olhos? Ou estarei ficando bêbedo? Toda vez que vejo lírio, sinto cheiro de velório, mesmo lírio de casamento... Não, não tomarei nem mais um gole. Imaginem se o marafo me sobe para os miolos? Estou frito. Fico aí de pernas bambas, estirado no chão... Eles vêm, me pegam facilmente como se eu fosse um negro boçal qualquer... Desses que eles enviam para a Ilha Grande, como se fossem animais, sem processo, sem formação de culpa ou sentença do juiz. Juiz? Até juiz chama a gente de "negro assassino"! Não há mesmo outro jeito, somente este... (*Bebe e ri; no segundo gole para, atira a garrafa.*) Estúpido! Quer ficar embriagado e ser preso? Quer que Exu tome conta do seu corpo?

Emanuel tem ligeiros estremecimentos no corpo. Leva as mãos à testa, gesto de espantar maus pressentimentos: é a sugestão que volta mais forte. Tenta autoencorajar-se, sorrindo. Ponto de Xangô e Oiá [Oyá]-Iansã. O coro saúda Caô cabecile! Caô cabecile!

EMANUEL (*fanfarrão*): Caô uma ova. Qual Exu qual nada, seu doutor. O que você quer agora é um bom charuto. (*Apanha um charuto, acende, tira várias baforadas, julga ouvir um rumor, corre à ribanceira, espia, recua amedrontado: jogo o charuto no chão, amassa-o com o pé.)* Serão eles? *(Aflito.)* Na certa viram a brasa desse charuto excomungado. Oh! Preciso fugir, desaparecer!

O ponto de Xangô cresce vibrante. O Orixá surge, aponta o machete-espada de Ogum. Emanuel se assusta, recua agachado, de rastros, observa a ribanceira.

EMANUEL: Alguns vultos escuros se mexem lá embaixo. São eles. Tenho de estar preparado para o que der e vier. Não posso ser agarrado assim sem mais nem menos... Uma arma, um revólver. *(Examina a cena, vê a espada, empunha-a e fala confiante.)* Venham. Antes de me agarrarem, mando alguns de vocês para o outro mundo... Isto é o que eu entendo por igualdade... *(pausa breve, reflete)* Outra vez! A mesma sensação de anos atrás. As águas floridas de Iemanjá, ideias malucas de acabar com a vida... mergulhar... ficar para sempre no fundo do mar... filho-amante de Iemanjá. E se me atravessasse agora com essa espada? Seria gozado, a cara da polícia me encontrando aqui de bucho furado, o sangue escorrendo... Bolas! Terminava com essa minha sina de cão perseguido. Vamos! O que espera, negro? Põe um fim nisso. Basta um pouquinho de coragem, um leve golpe, e... pronto! *(Verifica a lâmina.)* Ponta bem afiada. Faça como o negro Otelo. Lembra? Mas, Desdêmona era inocente... E Otelo?

VOZES *(vindas de todos os lados)*: Culpado. Culpado. Culpado como todos os negros.

EMANUEL: Que tenho eu a ver com Otelo, santo Deus? Ele matou, assassinou por ciúme, ou por caridade, não sei. Eu, não. Tenho as mãos limpas. As mãos e a alma. E não sou negro de alma branca, não. Branco por quê? Quem já viu a cor das almas? Exu também é negro como eu. No entanto... é poderoso! (*Pausa breve, depois debochando.*) Poderoso! Poderoso lá pras negras dele. Comigo, não. Não sou disso. Acreditar que essa droga é sagrada, capaz de realizar prodígios, fazer milagres. Pois sim! Só mesmo na cabeça vazia de macumbeiro. (*Desafia.*) Exu, você não é uma tapeação? Então prove! Me esconda da polícia, me faça desaparecer... Não quer fechar o meu corpo?

Emanuel ri e atira a espada que vai cravar-se no tronco da gameleira. Os atabaques vibram. A porta do peji se abra com estrondo. Emanuel está aterrorizado, cai de joelhos, ouve-se o riso demoníaco de Exu, num crescendo, se originando na escuridão do peji e se projetando ameaçador rumo à plateia.

EMANUEL: Padre Nosso que estais nos céus. Santificado seja o vosso nome. Perdão, meu Deus, perdão. Sei que pequei. Blasfemei invocando o demônio negro. Mas estou desesperado, fiz sem pensar, sem querer. Eles estão atrás de mim e não sou assassino... Meu Senhor Jesus Cristo, não me abandone... Não deixe este "homem da rua" tomar conta do meu corpo, da minha vontade... (*Risadas insistentes, cada vez mais terríveis. Emanuel se arrasta em direção à porta do peji, puxado contra a vontade.*) Meu Deus de misericórdia! Estava apenas me divertindo... Nunca acreditei em macumba... Nem desejei assassinar Margarida... Não sei como aquilo aconteceu... Até parece castigo...

Está à porta do peji. As Filhas pronunciam misteriosas palavras que não se ouvem, fazem gesto de encantamento, de possessão de Emanuel.

FILHA II: Castigo...
EMANUEL: Para mim ou para ela?
FILHA III: Exu está em todos os caminhos ao mesmo tempo.
EMANUEL: Como é que pode?
FILHA III: Em toda encruzilhada à meia-noite...
EMANUEL: Exu é um só... ou é muitos? (*Risadas insistentes.*) Oh!... estou abandonado... estou perdido! Não tenho mais forças... O "coisa ruim" vai tomar conta de mim... (*Tira o paletó, os sapatos, as meias; levanta-se. Ouve ao longe o canto de ninar.*) Até onde você foi parar, hein, dr. Emanuel? Se apavorando à toa como um reles ignorante. Que adiantaram os anos de universidade? Se impressionando com bugigangas, rezando o Padre Nosso, chamando até por Jesus Cristo! Deus de padre é feitiçaria de branco... Feitiçaria civilizada, porém feitiçaria igualzinha a essa aqui...
VOZ DE NEGRA VELHA: Não blasfema, meu filho. Tirei seu nome da *Bíblia Sagrada*. Emanuel quer dizer Deus conosco. Deus, está ouvindo? Com Deus não se brinca. Nunca se esqueça... nunca se esqueça... nunca... nunca...
EMANUEL (*transfigurado*): Mamãe... Emanuel... Deus conosco... Comigo?... Mamãe... (*reage*) Deixa a pobre da mãe sossegada... Tome mais um trago pra levantar o moral... Outro charuto... (*cínico*) E se aparecer uma boa garota, ferro nela, passa a bichinha na cara. Exu que se dane. (*Bebe vários goles, daí em diante sua embriaguez torna-se evidente; valentão.*) Agora, sim,

quero ver quem tem medo da polícia. Tenho medo de nada, de ninguém, nem de Exu. (*Grita.*) Polícia filha da puta! (*Espia a ribanceira sem nenhuma precaução; zomba.*) Pelo jeito ainda não sabem que estou aqui... no bem bom! Continuam se arrastando lá embaixo. Parecem formiguinhas tontas. Tentem subir, quero ver. É fácil para nós. Estamos sempre fugindo de alguém, de alguma perseguição. Mesmo negro que antes nunca trepou nestas grimpas como eu, por instinto sabe onde botar os pés e as mãos, igual à fera na selva... (*olha a lua*) Hei beleza de lua! Agora um charuto cá para o negro. (*Pega um charuto, acende, aspira uma tragada com gosto. Solta grossas baforadas, cospe com desprezo no defumador.*) Quero ver o focinho de Exu bem de perto. (*Tenta entrar no peji.*) Hum, como essa joça está escura! Onde estão meus fósforos?

Procura nos bolsos, acende um palito de fósforos à entrada do peji, alumia a escuridão, que é absoluta. Tenta entrar, tropeça num alguidar com pólvora, onde cai o fósforo. A pólvora incendeia, e seu clarão funde-se com uma luz vermelha que bate no rosto da impressionante imagem de Exu: de um tamanho desproporcional, cobre de alto a baixo a parede de fundo do peji; o ser humano fica muito pequeno a seu lado. Com a luz de Exu, também aparece a figura de Margarida; de joelhos aos pés da imagem, usa traje de dormir que lembra o vestido de noiva, cabelos longos, louros, soltos sobre os ombros nus. Imobilidade absoluta; apenas suas mãos repetem incessantemente o gesto mecânico de estrangular a si mesmo. Ponto de Iemanjá. Emanuel recua apavorado e fala tremendo...

EMANUEL: Você, Margarida?! Você morreu... Está morta, bem morta lá em nosso apartamento. A polícia quer me prender. Mas, responda. É você mesmo? Fala, pelo amor de Deus! (*Aflito.*) Pelo amor de Deus, não. Por Exu... Por Oiá [Oyá]-Iansã, senhora dos mortos! (*Acende duas velas que se acham ao lado de Exu; ajoelha, bate à frente no solo em sinal de reverência.*) Meu Exu Odará... me salva! Faça ela me responder. (*Exu ri novamente; o negro se volta trêmulo para Margarida.*) Então, nesse caso, você é um fantasma! Então, sabe que não te matei. Um susto... Queria te pregar um susto... uma lição... Matar por quê? Por que temos de ser vítimas e culpados? Por que assassinar e ser assassinado? Como é difícil, como é amargo, duas pessoas se encontrarem e realmente se entenderem!

Emanuel soluça estirado no solo. Aparecem Ifigênia e as Filhas embaixo, de costas para a plateia.

IFIGÊNIA (*despeitada*): Pela primeira vez o negro chora...
FILHA III (*enojada*): Aos pés da branca.
FILHA I: Chora... Mas não só por Margarida.
IFIGÊNIA: Por quem mais, então? Por mim nunca derramou uma lágrima.
FILHA II: Emanuel chora por você, por Margarida, por mim, por todos nós.
FILHA III (*cortante*): Chega. Não me botem no choro desse negro frouxo.
FILHA I e II (*juntas*): As lágrimas purificam a alma.
FILHA III: Lágrimas dele, não. Corrompem. Onde já se viu chorar perdidos carinhos de uma branca desatinada?
FILHA I: Você bem sabe; não é por ela.

FILHA II: Por todas as mulheres, por todos os homens, pelo gênero humano dividido...
IFIGÊNIA: Ah, sim? Conversa! Vivia enrabichado pela branca. Uma verdadeira obsessão. Só falava em branca... branca... branca... Olhem, certa vez peguei um caderno de poesias dele, estava escondido, mas descobri. Pois querem saber o que havia nele? Um longo, inacabável "Cântico dos Cânticos à Eva Imaculada"! Colo de marfim, pele alva de neve, ancas alabastrinas, cabelos de orvalho amanhecente... Cretino!
FILHA II: E você?
IFIGÊNIA: Eu? Que tenho a ver com isso?
FILHA II: Tem, sim... e muito. Por acaso rejeitou a brancura?
IFIGÊNIA: Muito diferente, minha filha. Eu precisava vencer. Vocês sabem, os brancos têm o privilégio. Sem eles, nada se faz. Enquanto Emanuel, não... ele amava Margarida. Ela teve o fim que merecia. Pois se não gostava dele, porque insistiu em se casar? E de que maneira! Parecia louca... ou histérica...
MARGARIDA (*desfaz o gesto mecânico, e numa espécie de delírio*): Loucura... quem sabe? A loucura de gostar do amor, de amar fazer amor. Em menina, meu peito batia apressado só de imaginar como seria aquele que me estava reservado pelo destino. Certamente ele estaria entre um dos primos, ou seria amigo dos primos... Eu fazia outra ideia daquele que eu amaria quando espiava, na fazenda do meu avô, os negros trabalhando, de peito nu, braços fortes. Suados. Era assim que eu imaginava. Assim foi que o amor veio...

FILHA III: Há sempre um negro bruto, selvagem, violando a luxúria das dondoquinhas brancas!
MARGARIDA (*ainda no delírio*): ...com ele tudo foi deslumbramento... eu existia arrebatada na felicidade, flutuando. Um nó de alegria tão intensa me mantinha desfalecida, como se a minha fosse a primeira e última alegria. Oh! meu amor... querido amor... (*declama*):
Deitar na cama que fizeste
Cama líquida... prazer agreste
Sêmen... somente no peito...
Ai, minha paixão... Ai, meu defeito!
IFIGÊNIA (*declama mordaz*): Marmelo é fruta gostosa
Que dá na ponta da vara
Branca que casa com negro
Não tem vergonha na cara!
MARGARIDA (*continua sem ouvir*): Enorme sexo flamejante...
Brasa viva... gozo onisciente
Atiram pedras em nosso leito
Ai, que nenhum amor é perfeito
FILHA I: Neta de senhor de engenho, heim? Taradinha por um ferro de Ogum...
IFIGÊNIA (*continua agredindo*): Seguia Emanuel nas ruas, se oferecendo...
MARGARIDA (*mesmo delírio*): Perseguia o cravo do meu êxtase, o perfume grave, denso, do meu prazer calado, que me entrava pelas carnes, pelos ossos. Todo meu corpo tremia por longo tempo naquele êxtase sem fim... fulgurava no meu ventre sua luz primordial...
IFIGÊNIA: ...e provocava cada escândalo! De corar os profetas de Congonhas. Se fosse uma preta, seria um caso de polícia.

MARGARIDA (*recupera-se do delírio, fala agressiva*): Pode vomitar seus venenos à vontade. Suas sujeiras jamais hão de me atingir. (*Volta-se para Emanuel.*) Está bem... falarei contigo. Mas não espere consolo de mim. Lembra-se aquela vez que estava triste e só? Você me repeliu. Disse que a solidão te bastava, te ajudava a sobreviver... Uma solidão impenetrável de rocha... Somente pedras dentro de ti. Desanimaria qualquer outra. Mas não a mim. Eu insisti. Com dedicação. E muito sofrimento. Plantei a flor da minha ternura na face daquela rocha.

IFIGÊNIA (*rápida, cortante*): Erva daninha. Praga vegetal.

MARGARIDA: Transformei meu corpo numa flor áspera, flor de sangue, vermelha...

EMANUEL (*brutal*): Rosa sangrenta que não tive em nossa noite de núpcias. Minha esposa já era uma... uma...

IFIGÊNIA (*vibrante, triunfal*): Prostituta!

MARGARIDA: Cala a boca, puta, negra. (*Para ele.*) Durante o noivado te contei tudo. A operação...

EMANUEL: Que não era mais virgem, não. Não contou.

MARGARIDA: Como poderia? Se nem eu mesma tinha a certeza. Ainda criança, o médico me falou no assunto. Nunca supus que os homens fizessem questão de coisa tão sem importância.

IFIGÊNIA: Sem importância para você. Eu, desde o instante em que perdi minha "importância", tive meu caminho traçado; o caminho da perdição. Não houve escolha.

EMANUEL: Donzela ou não, tanto faz. Quando há integridade. Onde não haja mentiras.

MARGARIDA: Pensa que estou mentindo, pensa? Você está impressionado com aquela carta anônima. Anonimato que não engana a ninguém. Não me diga que não reconheceu a letra de Ifigênia! Despeito de marafona, só isso.

IFIGÊNIA: Ah... quer continuar o joguinho? A tapeação? (*Para Emanuel.*) Vamos, seu doutor, fie-se nela, no seu anjo!

FILHA II (*advertindo*): Branca, quando casa com negro...

FILHA III (*completando*): ...está tapando algum buraco.

EMANUEL: Nunca dei ouvidos a Ifigênia. Tudo fiz para evitar o malogro do nosso casamento. Mesmo percebendo que você sofria de noite, em nosso quarto, em nossa cama. Oh! nossas noites foram sempre frias... flácida... sem entusiasmo nem paixão. Você tinha nojo de se encostar em mim.

IFIGÊNIA: Diga, quero ouvir.

FILHA III: Repita a desculpa.

IFIGÊNIA: Desculpa não; chantagem. Vamos... Não tem coragem? Não quer dizer? Bem, nesse caso, eu digo.

FILHA I (*lânguida*): Agora não, filhinho...

FILHA II (*mesma languidez*): Amanhã ou depois, quem sabe...

FILHA III (*acentuando o sarcasmo*): Estou tão cansada hoje...

EMANUEL: Cansada! Cansada de quê? Cansada por quê? Se cansou de mim logo que o fogo apagou e satisfez sua curiosidade? Eu nem tive tempo de me cansar. Muito depressa compreendi que não adiantava qualquer esforço. Tudo inútil, definitivamente inútil... Nada encheria minha solidão, que aumentava cada noite vazia... Nem aquela antiga solidão de pedras tornaria a encontrar. Nada tinha sentido, razão de ser. A própria dor. A dor existe sempre. Para os que se amam, as noites são sempre iguais... intensas e belas como a primeira. Que foi nosso casamento, Margarida?

FILHA I: Um espetáculo com padre e juiz.

FILHA II: E pronto. Salvou a honra da família.
FILHA III: Mesmo com marido preto.
EMANUEL: E o espetáculo continuou... Só teria fim com a minha morte.
IFIGÊNIA (*interrompe*): Você viúva... Que beleza, hein, Margarida! Que apoteose no cemitério!
FILHA I: Coroas de flores...
FILHA II: ...com fitas roxas... Luto fechado...
FILHA III: E a viuvinha de véu negro sobre o rosto, recebendo pêsames.
IFIGÊNIA: Oh... maravilha!
EMANUEL (*furioso*): Mas não fui para a cova. E antes que o teu cadáver baixe à sepultura, teu corpo se transformou num túmulo. Teu ventre é o ataúde do nosso filho que você matou. Nosso filho, não. Meu. Sim, meu filho. Você tinha horror de que ele nascesse preto. Ele ainda nem respirava dentro de você, e eu já o amava.
FILHAS I e II (*juntas*): Um filho tem a cor dos anjos!
FILHA III (*corrigindo*): Um filho negro tem a cor dos anjos negros.
IFIGÊNIA: Tanta crueldade não é de criatura humana.
FILHA I: As mulheres estéreis não compareçem diante de Obatalá.
FILHA II: Isso é terrível. Nem o compassivo Oxalá quer julgá-las.
IFIGÊNIA: Mães brancas, que assassinam os próprios filhos negros...
FILHA III: ...o castigo é maior. Castigo implacável!
EMANUEL: Agarre-se com o demônio. Implore a Exu. Porque nem no inferno há lugar para você. Te odeio, monstro... (*avança para Margarida*) Monstro frio de olhos azuis... Te mato, te mato...

O Orixá surge com um bastão ou vara, bate com ele no chão três vezes. Margarida e Ifigênia desaparecem. Emanuel vai espiar a ribanceira.

FILHA I: Ancestrais... nossos mortos queridos, sejam bem-vindos!
FILHA II: Oh, vós, que nos precederam, vinde!
FILHA I: Oh, vós, continuadores da nossa família no mundo dos invisíveis, aparecei!
FILHA III: Surgi do coração da terra, oh, Eguns! Vinde e iluminai o difícil mistério da transição de Emanuel!

Toque característico de Omulu-Obaluaiê: saúdam "Atotô! atotô!" Surge a Teoria dos Omulus, o rosto coberto de fibras longas ou tiras de pano, em cores escuras: é o presságio da morte. Emanuel estremece, fala com profunda angústia, após a dança e a saída de cena dos Omulus.

EMANUEL: Vida, morte, tudo é o mesmo, é tudo igual. Acho que não vou durar muito. Sinto meu fim próximo. Acabo como um estranho, estrangeiro que fui no mundo que brilha lá embaixo. Será mesmo uma cidade feliz? Não sei... Quem o saberá? Ninguém sabe de paz, de liberdade. Somente sei que naquele mundo não houve lugar para mim. Um canto onde pudesse viver sem humilhações. Um país que não fosse hostil. Em todas as partes é o mesmo: eles, os brancos, de um lado. De um lado, não. Por cima. E o negro surrado, roubado, oprimido, assassinado. Até mesmo na África! Mesmo nas terras de Lumumba ou Henri-Christophe, não estamos seguros em nossa liberdade. Oh! estou sozinho... e vencido!

Ifigênia vem desde dentro do peji; traz o buquê de lírios sangrentos. Ponto de Oiá [Oyá]-Iansã. Emanuel cai de joelhos, abraça suas pernas. Fala aflito, apressado.

EMANUEL: Sabia que você vinha. E não me abandonaria. Nem por um minuto deixei de pensar em você, de pertencer a você. Juramos nunca nos separarmos, lembra-se? Sempre juntos. Juntos sempre. Enfrentando as dificuldades, desafiando os adversários. Sempre te amei. Você sabe disso. Mesmo daquela vez que te bati, foi por te querer demais. Você chamou a todos nós de "negros amaldiçoados". Passou a detestar a própria cor. A infernizar a vida de Margarida. Perdi o controle. Mas juro que bati pensando no teu bem. Queria te fazer sofrer. Para te redimir. Te lavar por dentro e por fora. E serias outra. Fui um bruto, reconheço. Mas não fiz por ser mau. Pensou que batia para defender Margarida? Bobinha! Era só por você. Unicamente por você. Nunca dormimos juntos. Mas é a você que sempre senti como minha verdadeira esposa. Pedaço da minha carne, metade da minha alma.

IFIGÊNIA (*forçando um tom cínico para esconder sua perturbação comovida*): Obrigada! Falou bonito, falou muito, falou demais. Agora cale-se. Não há mais tempo. O tempo não volta atrás. É absurdo lembrar o que passou. Já consumimos todas as nossas esperanças.

EMANUEL (*ansioso*): Não é absurdo se querer o bem. Acreditar no amor. Amor devia ser algo simples. Mas não é. Amor é difícil, complicado, como foi o nosso. Me perdoe, querida! Enterremos aqui, agora, as mágoas e os ressentimentos. Vamos viver. Salvar o que de bom e bonito sobrar do naufrágio. Me ajude, Ifigênia! Me ajude! (*Observa o rosto dela, vê o buquê de lírios.*) Como é gentil... Lírios para mim? Você é um anjo, sabe? (*Beija-lhe a boca, ela permanece fria, então ele se afasta desconfiado.*) Mas... este lírio... parece o lírio do meu casa... Onde arranjou este buquê? Responda, Ifigênia, o que quer dizer você com estes lírios na mão? É esquisito... muito esquisito... me faz lembrar... outra vez.... Mas não pode ser, não pode. Porque senão você estaria aqui para... para... É verdade, Ifigênia?

Ifigênia está chorando silenciosamente. Emanuel a sacode pelos ombros, ela reage, solta uma gargalhada estridente e sarcástica, a fim de ocultar sua emoção.

EMANUEL: Então, é verdade! Sou um negro amaldiçoado. Supondo que tivesse vindo num gesto de paz e reconciliação. Uma tolice, mas supus que a graça de Deus tivesse baixado até ao fundo do seu pântano. Que adiantou o que fizemos? Para que nos livramos de Margarida? Por que cometemos o crime, desgraçada?

IFIGÊNIA (*cínica*): Por que cometemos o crime?! Que história engraçada é essa? Quer me complicar agora, depois de tudo?

EMANUEL: Estou apenas afirmando o que aconteceu. O crime que cometemos juntos. O nosso crime.

IFIGÊNIA (*zombeteira*): Está mesmo louco! Quem se casou? De quem era a esposa? Vamos, diga?

EMANUEL: Diga primeiro você: quem me botou na cabeça a ideia de acabar, de liquidar com Margarida? Quem arranjava amantes para ela? Você! Minto? Quem me preveniu que eu ia ser corneado na minha própria cama? (*Outro tom.*) Apenas discuti com Margarida. Minhas mãos tocaram de leve na garganta dela, mas não a estrangulei. Ela deu de repente um ganido assustado, tombou sobre a cama... Foi só. E foi tudo... (*pesaroso*) Oh, meu filho já não existia mais...

FILHA II: Se não fosse seu filho?
FILHA III: Se o pai fosse outro?
FILHA I: Bem que poderia ser...
EMANUEL: Talvez melhor assim; ele nem ter chegado a nascer... Mortes. Sempre assassínios e mortes. Por quê? Por quê? Criminosa... assassina...

Emanuel esbofeteia Ifigênia. Esta, impassível, caminha até o altar de Ogum, onde deposita os lírios. Ele avança contra ela, brandindo a espada.

EMANUEL: Ordinária. Prostituta de corpo. Prostituta de alma.

Soam doze badaladas. Emanuel espia a ribanceira e compreende. Ifigênia desapareceu. Ponto de Exu.

Ponto de Exu

 Meu Exu brincalhão
 Está nas encruzilhadas
 De Ogum companheiro-irmão
 Me livra de atrapalhadas
CORO: Laroiê, Axé!

 Na encruzilhada do negro
 Tem agressão da polícia, tem
 Estupro de negra, violação
 Tem muita dor muita sevícia
 Desde o tempo da escravidão

PARTITURA 4:
Ponto de Exu, música de Nei Lopes e letra de Abdias Nascimento.

PONTO DE EXU

Meu Exu brincalhão
Está nas encruzilhadas
De Ogum companheiro-irmão
Me livra de atrapalhadas
CORO: Laroiê, Axé!

Na encruzilhada do negro
Tem agressão da polícia, tem
Estupro de negra, violação
Tem muita dor muita sevícia
Desde o tempo da escravidão

Chicote no lombo, ê!
Cativeiro, opressão, ê!
CORO: Liberdade, quilombo, ê!
Pra nossa revolução, ê!
Laroiê, Axé!

Caminhos da meia-noite
Charuto, marafo, dendê
Mensageiro do Axé forte
Galo preto deste conguê
CORO: Laroiê, Axé!

CORO: Chicote no lombo, ê! etc.

▶ *Abdias Nascimento (Emanuel) em cena, 1957.*

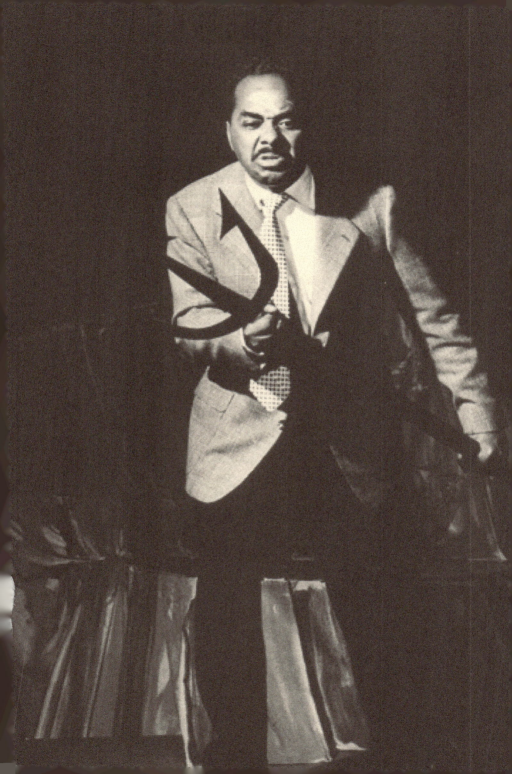

Chicote no lombo, ê!
Cativeiro, opressão, ê!
CORO: Liberdade, quilombo, ê!
Pra nossa revolução, ê!
Laroiê, Axé!

Caminhos da meia-noite
Charuto, marafo, dendê
Mensageiro do Axé forte
Galo preto deste conguê
CORO: Laroiê, Axé!

CORO: Chicote no lombo, ê! etc.

EMANUEL: São eles. Vêm subindo. Me levaram as duas; a esposa e a mulher amada. Me roubaram tudo. Melhor. Muito melhor assim. (*Gritos de triunfo, intercalados com riso alto até o momento em que entra no peji.*) Agora me libertei, para sempre. Sou um negro liberto da bondade. Liberto do medo. Liberto da caridade e da compaixão de vocês. Levem também esses molambos civilizados, brancos. (*Enquanto fala, tira a camisa, as calças, fica só de tanga. Vai atirando tudo pela ribanceira abaixo.*) Tomem seus troços! Com estas e outras malícias vocês abaixam a cabeça dos negros... Esmagam o orgulho deles. Lincham os coitados por dentro. E eles ficam domésticos, castrados, bonzinhos, de alma branca. Comigo se enganaram. Nada de mordaça na minha boca. Imitando vocês que nem macacos amestrados. Até hoje fingi que respeitava vocês, que

acreditava em vocês. Margarida muito convencida de que eu estava fascinado pela brancura dela! Uma honra para mim ser chifrado por uma loura. Branca azeda idiota. Tanta presunção e nem percebia que eu simulava... procedia como pessoa educada, ouviu? Como mulher você nunca significou nada para mim. Olha, quem tinha nojo era eu. Aquelas coxas amarelecidas que nem círio de velório me reviravam o estômago. Seu cheiro? Horrível! O pior, teus seios mortos de carne de peixe. E o nosso filho... Lembra-se? Outro equívoco, novo engano de sua parte. Você o matou para se desforrar da minha cor, não foi? Mas ele era também seu sangue. Isso você deixou de levar em conta. Que eu não poderia amar uma criatura que tinha a marca de tudo aquilo que me humilhou, me renegou. Desejei um filho de face bem negra. Escuridão de noite profunda, olhos parecendo um universo sem estrelas... Cabelos duros, indomáveis... Pernas talhadas em bronze, punhos de aço para esmagar a hipocrisia do mundo branco.
FILHA I: Aniquilar os falsos sonhos da brancura.
EMANUEL: Brancura que nunca mais há de me oprimir. Estão ouvindo?
FILHA II: Erradicar o ódio do mundo branco.
EMANUEL: Está ouvindo, Deus do céu?
FILHA III: Obliterar o poder destrutivo do mundo branco.
EMANUEL: Eu quero que todos ouçam!
FILHA II: Apagar o ódio do mundo branco!
EMANUEL: Venham todos, venham!
FILHA I: Da terra!
FILHA II: Do céu.
FILHA III: Do inferno.

FILHAS I, II e III (*juntas*): Venham!

> *Emanuel entra no peji. As Filhas iniciam uma espécie de ladainha, em tom baixo, respondida pelo coro da macumba, como se fosse um sussurro.*

FILHA I: Oh! Exu Tranca-ruas, Senhor dos caminhos e das encruzilhadas, abre os destinos de Emanuel!
CORO: Abre os caminhos para Emanuel!
FILHA II: Oh, Exu Pelintra, possuidor de todas as malícias! Rogo para Emanuel um pouco da sua astúcia, ligeireza e picardia!
CORO: Malícia, astúcia e picardia para Emanuel.
FILHA I: Senhor Barabô, faça crescer o entendimento de Emanuel; na cabeça, no coração, no pulso firme!
CORO: Pulso firme, coração lúcido, cabeça amorosa...
FILHA III (*completando*): ...até o terrível instante de enfrentar o que ninguém conhece... Desafiar o mistério oculto lá nas dobras do horizonte.
FILHA II: Oh, negro mistério, mistério negro do negro Emanuel. Negro mistério do povo negro de Emanuel!
IALORIXÁ: Disse antes e repito. Emanuel compreendeu por si mesmo. Exu apenas ajudou. Mas foi no amadurecimento que ele se uniu e se tornou um só com Ogum. Os dois deram um nó aos fios desunidos... Foi isso que aconteceu. Emanuel deixará de ser...
FILHA III: Ogum todo coberto de sangue!
FILHA I: Oh, sereno Obatalá, conceda a Emanuel paciência no sofrimento!
CORO: Paciência no sofrimento!
FILHA II: Que mágica assombrosa essa mutação! Perene angústia do vir a ser... História vivente e vivificante do nosso povo!

CORO: História vivente e vivificante!
FILHA I: Oh, Exu, fortaleça com seu poderoso axé a fúria do cão sanguinário! Instiga sua violência contra os que exploram a nossa gente!
FILHA III: Ai, espada vingadora! Ai, machete sangrento da tardia justiça!
FILHA II: Golpeie, invencível espada! Golpeie o grande ventre mítico.
FILHA I: Refaça à sua ponta aguda, ao fio irresistível da sua lâmina, as costuras do útero coletivo.
CORO: Útero grito primeiro.
FILHA III: Misteriosa cova abissal! Depositária da lama primeira.
FILHA I: Ai, torrentes dos líquidos segredos geradores!
CORO: Geradores! Segredos fecundadores!
FILHA II: Ai, protoforma! Ai, Exu-Iangui!
FILHA III: Entranhas de lábios acolhedores.
FILHA I: Fonte da vida, vagina primal.
FILHA II: Nas tuas bordas ele cambaleia. Dança, Emanuel!... dança. Dança ao precipício da aventura cósmica. Ao abismo do teu vinho de palma!
FILHA III: Trague a tempestade do teu riso perdido! Sove tua agonia... até à gota primeira e derradeira!
FILHA I: Sêmen... semente-príncipe...
CORO: Príncipe-semente... machete...
FILHA III: Negro cão alado, voa percorrendo o espaço mineral do teu sangue ao encontro marcado da tua morte que te espera, cifrada na ânsia da tua ressurreição.
CORO: Cifrada na ânsia da gratificação.
FILHA II: Pombagira!
CORO: Pombagirôôôôôôô...

Aqui termina a ladainha. Emanuel sai do peji vestindo pele de animal. Na cabeça, a coroa de Ogum – o Akoro –; no pescoço, o colar de contas de ferro de Ogum. Até o instante final, Emanuel fala calmo, tom de profunda dignidade e compaixão. Suas frases serão intercaladas por uma dança grave. O ponto de Ogum não deve ser melodia sentimental nem triste.

Ponto de Ogum

 Ogum
 verdade certa
 Espada nua, aberta
 da justiça, restaurador
 do sangue preto, farejador
CORO: Ogunhiê!

 Bebe teu vinho fervente
 Enquanto da palma pendente
 O olho do abismo te chama
 Abre os caminhos na frente
 Teu povo te segue, te aclama
 Morre e renasce da chama
CORO: Ogunhiê!

 Ogum
 temerário sem pudor
 Do mistério parte e valor
 Fere, guerreiro valente
 que suporta qualquer dor!
 Machete que não desmente
 tua origem, tua cor
CORO: Ogunhiê!

PARTITURA 5:
Ponto de Ogum, música de Nei Lopes e letra de Abdias Nascimento.

PONTO DE OGUM

Ogum
verdade certa
Espada nua, aberta
da justiça, restaurador
do sangue preto, farejador
CORO: Ogunhiê!

Bebe teu vinho fervente
Enquanto da palma pendente
O olho do abismo te chama
Abre os caminhos na frente
Teu povo te segue, te aclama
Morre e renasce da chama
CORO: Ogunhiê!

Ogum
temerário sem pudor
Do mistério parte e valor
Fere, guerreiro valente
que suporta qualquer dor!
Machete que não desmente
tua origem, tua cor
CORO: Ogunhiê!

EMANUEL: O sombrio fluxo sanguíneo de Ogum transborda em mim as medidas do universo inaugural. Oh, desgraçado seccionamento do ser perfeito, do corpo inconsútil e belo. Desintegrado, dividido, sou a parte que flutua no sangue ainda fumegante...
FILHA I: ...em sangue se afunda.
FILHA II: Ai, desgraçado Atunda!
EMANUEL: Tua voz é meu ouvido, Ogum, meu hálito... minha saliva é tua boca que me grita na mudez do sangue para o sangue... Partir... partir... Partidos fomos... divididos estamos...
FILHA III: Separados estamos. Partidos fomos.
EMANUEL: Compartidos nas partes sem partes... Cosmorama impartido e diverso, que nos aparta e distancia. Entretanto, o espaço primordial convoca o regresso à continuidade do ser.
FILHA I: Ai, ser inquieto, ser em transe...
EMANUEL: ...ser que ascende, transcende esta humana natureza minha, natureza nossa, derivada das mãos de Obatalá.
FILHAS I e II (*juntas*): Mãos de Obatalá!
EMANUEL: Oh, esta dor de fragmento seccionado! Oh, solidão que atomiza e destrói!
FILHAS I, II e III (*juntas*): Ai, fragmento! Ai solidão!
EMANUEL: Humana essência... mágica existência...
FILHAS I e II (*juntas*): Olorum em todos nós!
FILHA III: Exu em todos nós!
EMANUEL: Meu instante é este; minha essência... minha existência. Meu caos, meu abismo. Abro minhas mãos e os pássaros negros se libertam ao seu canto amanhecente!

▶ Ítalo Oliveira (*Orixá*) e Abdias Nascimento (*Emanuel*) em ensaio para a encenação de estreia, 1957.

FILHA I: Ai, pássaros negros cativos!
FILHA II: Ai, alvoradas negras! Ai, canto libertário!
EMANUEL: Oh, lamentação de Ossaim! Tronco separado da raiz, galhos apartados da árvore... as folhas dos frutos...
FILHA I: Em sangue se afunda...
FILHA III: Ai, desgraçado Atunda!
EMANUEL: Transitório mundo! Mundo eterno, cujo chão se alimenta da nossa carne. Carne-lama amassada à tepidez de nosso sangue. (*Espia a ribanceira.*) Ainda apontam suas armas inúteis. (*Sorri.*) Não sabem que recuperei meu tom de voz. Ignoram que reencontrei minhas próprias palavras no meu Exu que resgatei. (*Ensaia um passo sobre o abismo.*) Vou percorrer estas trevas cósmicas.
FILHA II: Com cuidados, Emanuel!
EMANUEL: Emanuel, eu? (*Sorri.*) Não dividi o pão nem multipliquei o peixe. Não separei o meteoro e a rosa. Como poderia eu tornar o homem estranho à sua pele? Inimigo do espírito que sustenta seu próprio corpo?
FILHA I: Ai! Que não mais se confunda.
FILHA III: Por que, desgraçado Atunda?
EMANUEL: Cravados em mim estão meu Olorum, meu Exu, meu Ogum. A hora incoada palpita na batida do meu sangue, no rolar da minha alma. O pássaro de Oiá [Oyá]-Iansã pousou ao meu ombro. Depressa, sirvam meu vinho... minha palma...
FILHA II: Palma... vinho de Ogum!
CORO: Ogunhiê!

A Ialorixá dá-lhe de beber numa enorme cuia. Ele bebe intercalando as falas.

EMANUEL: Rubro vinho branco dos abismos, portador e reivindicador das raças, dos povos, dos homens, das coisas, de tudo quanto unidade foram.

Ponto de Oxumaré, euforia de ritmo e melodia.

Ponto de Oxumaré
    Serpente colorida
    Oxumaré sete cores
    Arco-Íris eternidade
    No ritmo dos tambores

    Vapor da terra
    Hálito do mar   (*coro*)
    Suor das nuvens
    Textura do ar

    Sobe, arco-íris, ao orum
    Junte a terra, o espaço
    As águas de Olocum
    A tragédia de Ogum
    Ao mistério de Olorum!

    Vapor da terra
    Hálito do mar   (*coro*)
    Suor das nuvens
    Textura do ar

EMANUEL: Em meu peito, oh, Oxumaré, cintila o reflexo do teu brilho... Serpente que arcoirisa este céu de meia-noite, gerador de maravilhas minhas, que

PARTITURA 6:
Ponto de Oxumaré, música de Nei Lopes e letra de Abdias Nascimento.

PONTO DE OXUMARÉ

Serpente colorida
Oxumaré sete cores
Arco-Íris eternidade
No ritmo dos tambores

Vapor da terra
Hálito do marcoro
Suor das nuvens
Textura do ar

Sobe, arco-íris, ao orum
Junte a terra, o espaço
As águas de Olocum
A tragédia de Ogum
Ao mistério de Olorum!

Vapor da terra
Hálito do marcoro
Suor das nuvens
Textura do ar

▶ *Abdias Nascimento (Emanuel) contracena com Léa Garcia (Ifigênia), na montagem de 1957.*

na minha noite busquei e me foram doadas...
Neste silêncio absoluto que somente eu percebo...
às presenças fundamentais que apenas meus olhos
distinguem... Proclamo... Celebro...

Os tambores ruflam vibrantes, as Filhas I, II e III dançam com Emanuel por uns instantes. Depois ele avança para o centro da cena, bem à frente, e confessa com voz firme, calma e pausada.

EMANUEL: Eu matei Margarida. Sou um negro livre!

Novamente alto o ponto de Ogum; calmo e decidido. Emanuel sobe até a pedra de Ogum, onde se coloca de frente para o público, de joelhos. O Orixá fica atrás dele, com a espada suspensa sobre sua cabeça. As Filhas estão a seu lado.

IALORIXÁ (*dirigindo-se ao pessoal da macumba*): Nossa obrigação quase cumprida está. A dele vai começar, na continuidade dinâmica do axé, na jornada mítica à outra face da existência. Emanuel se acabou, se tornou essência, força vital. (*Os atabaques vibram.*)
CORO: Axé!
IALORIXÁ: Oxumaré que ascende às nuvens...
CORO: Axé!
IALORIXÁ: Que as nuvens desatem sua tempestade! Que o vento furioso sopre! Que rasgue o espaço o relâmpago fulminante! Xangô redivivo em Zumbi!

Trovões, assobios de ventania, raios cortam a cena com seu clarão cegante: deste momento em diante, todo o palco se torna, progressivamente, no quilombo dos Palmares. A ialorixá é a chefe guerreira, os crentes no papel de quilombolas.

Alguns destes vão-se colocar junto à ribanceira de lanças apontadas para o lado da polícia.

IALORIXÁ: Palmas verdes renascem ao sopro curador de Ossaim... Treme, quilombo, ao ronco de Xangô!

Novos trovões, barulho de ferros, de armas, intenso movimento por toda a cena.

IALORIXÁ: Africanos alevantados...
CORO: Saravá!
IALORIXÁ: Quilombolas imortais, de pé!
CORO: De pé estamos! Até!

Novamente no tom grave e murmurante de ladainha.

IALORIXÁ: Liberdade do povo negro...
CORO: Axé, Xangô!
IALORIXÁ: Dignidade da raça...
CORO: Axé, Oxossi!
IALORIXÁ: Poder da nação...
CORO: Axé, Zumbi!
IALORIXÁ: Axé, Ogum! Okemogum!
CORO: Okemogum, axé!
IALORIXÁ: Axé, Zumbi! Okezumbi!
CORO: Okezumbi, axé!

O ponto de Ogum sobe forte. Emanuel abre os braços como se fosse levantar voo, o Orixá rápido desce a espada que atravessa seu pescoço. O herói cai amparado pelas Filhas. Emanuel jaz sobre o altar de Ogum, enquanto o Orixá desaparece rápido. As Filhas de Santo descem ao mesmo lugar do despacho inicial. Ifigênia aparece e fica atrás de Emanuel; ela veste um traje ritual de Ogum.

FILHA I: Azeite de dendê, farofa...
FILHA II: ...marafo, charuto...
FILHA III: ...galo preto...

Longo uivo de cão. Emanuel estrebucha e morre.

FILHAS I, II e III (*juntas, devagar*): Pronto! Obrigação cumprida!

Ifigênia põe a coroa de Ogum na cabeça e empunha a lança. O coro, as Filhas e a ialorixá saúdam "Ogunhiê!" e se atiram de comprido ao chão, batendo a cabeça no solo em sinal de reverência e obediência. Seguem-se momentos de silêncio absoluto. Depois Ifigênia levanta a espada num gesto enfático de comando gritando forte "Ogunhiê!" O ponto de Ogum se eleva e se transforma num ritmo triunfal e heroico.

IALORIXÁ: Dança negro... canta negro!
Folga negro... branco não vem cá!
CORO: E se vier... pau há de levar!
pau há de levar!

Dança negro... canta negro
Folga negro... a escravidão acabou!
a libertação chegou!

IALORIXÁ: Axé para todos: para os mortos, os vivos, e os não nascidos! Axé à vitória de nossa luta!
CORO: Axé!... Axé!... Axé!... Axé!... Axé!... Axé!...

Enquanto cantam e dançam, o pano desce lentamente.

PARTITURA 7:
Folga, Negro, música de Nei Lopes e letra de Abdias Nascimento.

FOLGA NEGRO

IALORIXÁ
   Dança negro... canta negro!
   Folga negro... branco não vem cá!
   CORO: E se vier... pau há de levar!
   pau há de levar!

   Dança negro... canta negro
   Folga negro... a escravidão acabou!
   a libertação chegou!

IALORIXÁ:
   Axé para todos: para os mortos, os vivos, e os não nascidos! Axé à vitória de
                                                                [nossa luta!
   CORO:
   Axé!... Axé!... Axé!... Axé!... Axé!... Axé!...

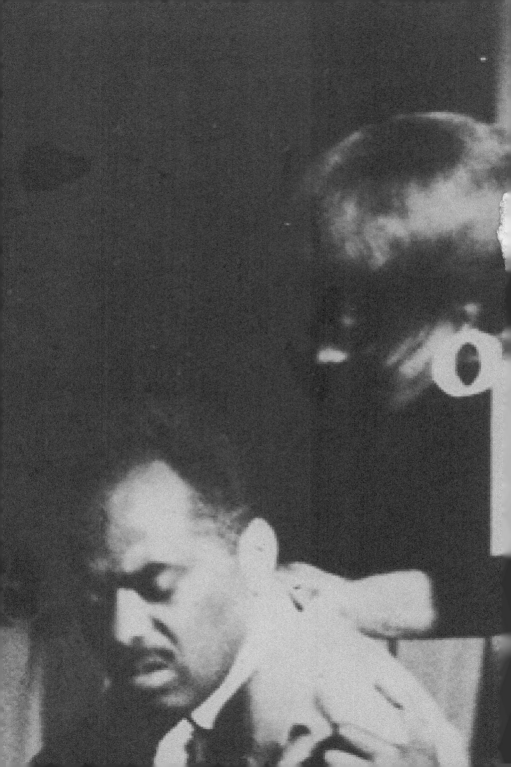

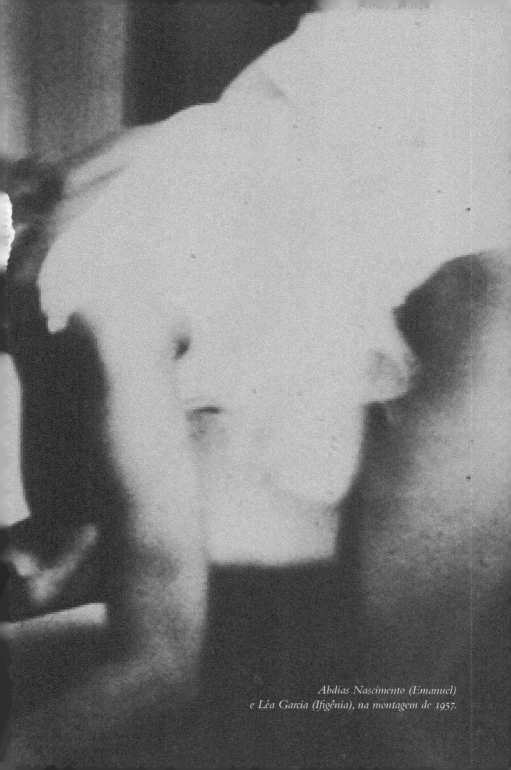

Abdias Nascimento (Emanuel) e Léa Garcia (Ifigênia), na montagem de 1957.

1   As outras peças da antologia são: *O Filho Pródigo*, de Lúcio Cardoso; *O Castigo de Oxalá*, de Romeu Crusoé; *Auto da Noiva*, de Rosário Fusco; *Além do Rio (Medéa)*, de Agostinho Olavo; *Filhos de Santo*, de José de Morais Pinho; *Aruanda*, de Joaquim Ribeiro; *Anjo Negro*, de Nelson Rodrigues; e *O Emparedado*, de Tasso da Silveira.

SORTILÉGIO PARA O DEVIR DO TEATRO NEGRO

O presente texto propõe uma reflexão sobre a importância e os desdobramentos desencadeados a partir da peça teatral *Sortilégio (Mistério Negro)*, de 1959, e trata também de sua segunda versão, *Sortilégio II: Mistério Negro de Zumbi Redivivo* (1979). O objetivo é considerar como esta obra impactou e influenciou o teatro negro contemporâneo brasileiro, protagonizado por coletivos cênicos, por realizadores teatrais e pelo próprio movimento negro, e como influenciou o imaginário cultural e político do país.

Dada a sua repercussão como obra de referência, podemos enquadrar *Sortilégio* na categoria de obras fundantes do moderno teatro brasileiro, em especial do teatro negro contemporâneo. Escrita por Abdias Nascimento em 1951, *Sortilégio* foi montada em 1957 e editada em 1959. Vinte anos após a estreia no Theatro Municipal do Rio de Janeiro, o autor escreveu o texto definitivo da peça após viver uma temporada na Nigéria, onde atuava como Professor Visitante da Universidade de Ifé (atual Universidade Obafemi Awolowo), em Ilé Ifé.

Em 1961, *Sortilégio* foi publicado na antologia *Dramas Para Negros e Prólogo Para Brancos*[1], do Teatro Experimental do Negro. Cabe destacar a importância dessa obra por se tratar de uma primeira antologia teatral com textos dramáticos criados para atores e atrizes negros e negras. Ainda que nem todos os autores fossem negros, havia um desejo explícito de se estabelecer uma dramaturgia negra e um protagonismo dos artistas negros na cena. O objetivo era que a temática afro-brasileira fosse encarada sem os clichês tão batidos de personagens rasas, caracterizadas como caricaturas humanas sem profundidade psicológica, social e cultural, que a dramaturgia brasileira impunha até então.

O Teatro Experimental do Negro (TEN) havia estreado em 1945 com a montagem de O Imperador Jones, peça de Eugene O'Neill (1888-1853)[2], autor branco estadunidense. A escolha do grupo por montar essa peça ocorreu porque não se dispunha, na época, de uma obra da literatura dramática brasileira que tratasse com dignidade de temas ligados à vida da população negra, nem muito menos existia uma obra de autor negro. Aquela era, ainda, uma fase em que a representação dramatúrgica era mediada pelo olhar do sujeito branco e estrangeiro. A primeira montagem de autor brasileiro pelo TEN acontece com a peça O Filho Pródigo, de Lúcio Cardoso[3], em 1947, avançando sob a perspectiva dos códigos sociais nacionais. Contudo, a culminância do processo de empretecimento da dramaturgia e da encenação de modo pleno se dá dez anos depois, por meio de *Sortilégio* (*Mistério Negro*), com

[2] Dramaturgo estadunidense, recebeu o prêmio Nobel de Literatura em 1936 e o Pulitzer diversas vezes. Autor de peças como *Longa Jornada Noite Adentro*, *Imperador Jones* e *Electra Enlutada*.

[3] Dramaturgo e poeta, nasceu em Minas Gerais e teve atuação intensa como autor teatral, com peças como *Angélica*, *A Corda de Prata* e *O Filho Pródigo*, escrita especialmente para o TEN.

[4] Arthur Rodrigues da Rocha foi dramaturgo, poeta e jornalista, nascido em Rio Grande, RS. Era filho do ator dramático José Rodrigues Rocha. Arthur deixou uma extensa obra dramática que foi publicada e encenada. Integrou grupo de intelectuais negros radicalmente abolicionistas.

[5] Fundada em 1926, foi uma iniciativa teatral destinada a apresentar espetáculos de teatro de revista e a primeira no país formada por atores e atrizes negros.

[6] De Chocolat era o nome artístico de João Cândido Ferreira, cantor, compositor, teatrólogo e poeta brasileiro que integrou a Companhia Negra de Revistas.

[7] Grande Otelo, pseudônimo de Sebastião Bernardes de Souza Prata, foi ator, comediante, cantor, compositor e produtor. Atuou em teatro, cinema e televisão em uma longa e reconhecida carreira.

[8] Alfredo da Rocha Vianna Filho, conhecido como Pixinguinha, foi um dos mais importantes compositores brasileiros, maestro, saxofonista e flautista. Integrou os grupos Caxangá e Oito Batutas.

a conjunção de todos os processos produtivos e criativos encadeados por artistas negros.

Houve, antes do TEN, outras experiências ricas de práticas teatrais realizadas por pessoas negras. Na dramaturgia, o verificamos na profícua obra do jornalista, ator, dramaturgo e diretor gaúcho Artur Rocha[4], que teve uma vasta produção textual encenada e publicada. Já a Companhia Negra de Revista[5], criada por De Chocolat[6], teve importante atuação e legou artistas do naipe de Grande Otelo[7] e Pixinguinha[8]. Saliento esse aspecto para reforçar a convicção de que nossa cultura é fruto de processo por vezes descontínuo, porém acumulativo e não de geração espontânea como alguns tendem a imaginar. Nesse sentido, o Teatro Experimental do Negro (TEN) é a mais intensa e transformadora experiência teatral do século XX e irá transformar o nível de exigência e organização, além de influenciar todas as próximas gerações até os dias atuais.

Considerando as experiências anteriores, pode soar contraditório reconhecer o papel pioneiro do TEN ou de Abdias Nascimento. Entretanto, a potência, em seu sentido lato, é justamente o papel seminal desse ambiente prenhe de transformações definitivas empreendidas por Abdias e seus parceiros de sonhos. Eles o cultivaram com a força da fertilidade ao convergir todos os elementos que possibilitaram a superação do paradigma imposto. Puseram num mesmo ambiente a luta política por dignidade racial como método, e o domínio dos meios produtivos do teatro, das artes e da cultura como instrumento, sem a intermediação ou benesses do mundo branco. *Sortilégio* representa a instauração desse estágio do teatro negro que marca a emancipação de seu destino nas artes e no mundo social.

Enquanto encenação propriamente dita, *Sortilégio* estreou em 1957, produzido pelo Teatro Experimental do Negro e

9   Nascida em 1933, é uma atriz brasileira com longa carreira no teatro, cinema e televisão. Foi indicada ao prêmio de melhor intérprete feminina no Festival de Cannes, em 1957, por sua atuação no filme *Orfeu Negro*.
10 Atuou na montagem de *Sortilégio* interpretando a personagem Margarida.
11 Foi atriz do Teatro Experimental do Negro, atuou em *Sortilégio* como uma das filhas de santo.
12 Foi atriz do Teatro Experimental do Negro, atuou em *Sortilégio* como uma das filhas de santo.
13 Foi atriz do Teatro Experimental do Negro, atuou em *Sortilégio* como uma das filhas de santo.
14 Integrou o Teatro Experimental do Negro em peças como *Sortilégio* e *Orfeu da Conceição*.
15 Foi atriz do Teatro Experimental do Negro, atuou em *Sortilégio* como uma das iaôs e omulus.
16 Foi atriz do Teatro Experimental do Negro, atuou em *Sortilégio* como uma das iaôs e omulus.
17 Foi ator e bailarino, integrou o elenco de *Sortilégio* e teve experiência na Companhia de Danças Brasiliana.
18 Foi atriz do Teatro Experimental do Negro, atuou na peça *Sortilégio* como uma das iaôs e omulus.
19 Léo Jusi (1930-2011), diretor de teatro entusiasta do desenvolvimento da dramaturgia nacional, lançou diversos textos teatrais.
20 Ubirajara Fidalgo (1949-1986) foi ator, dramaturgo, produtor e diretor de teatro. Criou o Teatro Profissional do Negro – Tepron em parceria com sua esposa Alzira Fidalgo.
21 Ator de teatro e cinema, sambista, pesquisador e diretor de teatro, fundador da Companhia de Danças Brasiliana. Tem uma carreira como comentarista de Carnaval na televisão.
22 Ator e diretor de teatro, gestor cultural, criador da Cia. dos Comuns, do Fórum de Performance Negra e do Festival Olonadé. Dirigiu o Centro Cultural José Bonifácio e presidiu a Fundação Cultural Palmares.
23 Autor dos mais prolíficos, é um dos criadores do jornal literário *Jornegro* e da série de antologias *Cadernos Negros*; tem dezenas de livros publicados nos campos da dramaturgia, contos, poesia e teoria literária.
24 Ator, diretor, pesquisador e professor universitário. Tem inúmeros livros publicados e é fundador do projeto Pele Negra – Escola de Teatros Pretos.
25 Ator, diretor, iluminador, dramaturgo, roteirista, apresentador e repórter. Fundou a primeira Cia. de Teatro Negro de nível superior do Brasil, a Cia. Teatral Abdias Nascimento na UFBA (2002).
26 Atriz, diretora e escritora. Foi a primeira atriz negra graduada em Interpretação Teatral pela

tendo no elenco Léa Garcia[9], Abdias Nascimento, Helba Nogueira[10], Matilde Gomes[11], Heloisa Hertã[12], Stela Delfina[13], Amoa[14], Ana Pelusi[15], Conceição do Nascimento[16], Ítalo Nogueira[17] e Marlene Barbosa[18], com direção de Léo Jusi[19]. Essa estreia demarca uma nova fase para a dramaturgia negra brasileira, onde o protagonismo, em todas as esferas criativas, estaria nas mãos de artistas negros.

Sortilégio, assim como Abdias e seu Teatro Experimental, influenciaram uma ampla gama de artistas como Ubirajara Fidalgo[20], Haroldo Costa[21], Nei Lopes, Hilton Cobra[22], Cuti[23], Licko Turle[24], Ângelo Flávio Zuhalê[25], Cristiane Sobral[26], Carmen Luz[27], Tatiana Tibúrcio[28], Eugênio Lima[29], Evani Tavares[30], Aldri Anunciação[31], Fernanda Onisajé[32], Adyr Assumpção[33], Jessé Oliveira, Vera Lopes[34], Valdineia Soriano[35], Jorge Washington[36], Dirce Thomaz[37], Aduni Benton[38], Nelson Maca[39], Maria Gal[40], Dione Carlos[41], Toni Edson[42], Érico José[43], Jé Oliveira[44],

Rudinei Borges[45], e coletivos cênicos como Tepron – Teatro Profissional do Negro, Teatro Folclórico Brasileiro, Bando de Teatro Olodum, Cia. de Teatro Nata, Cia. dos Comuns, grupo Caixa-Preta, grupo Cabeça Feita, CAN – Cia. Abdias Nascimento, Cia. Invasores, Os Crespos, Capulanas, Cia. Será Quê?, grupo Umoja, Teatro Negro e Atitude, e tantos outros espalhados pelo Brasil.

Não pretendo fazer aqui um estudo analítico sobre a peça, mas antes tento apontar como ela tem influenciado o teatro negro brasileiro contemporâneo, tanto por meio da dramaturgia como pelos modos como ela provoca, com trânsitos estéticos na abordagem da presença negra nos palcos e no uso de elementos da cultura negra sem os batidos estereótipos e clichês da tradição euro-ocidental. Para entender melhor essa influência, ouvi diversos realizadores teatrais negros que me deram testemunhos sobre a importância

27 Universidade de Brasília. Membro da Academia de Letras do Brasil, seção DF, onde ocupa a cadeira 34. Cineasta, coreógrafa, curadora, diretora, dramaturga e professora. Em 1994, cria a Cia. Étnica de Dança e Teatro. Foi diretora artística do Centro Coreográfico do Rio de Janeiro e do Centro Cultural José Bonifácio.

28 Atriz, idealizadora do projeto Negro Olhar – Ciclo de Leituras Dramatizadas com Autores e Artistas Negros. Integrante do Amok Teatro, foi indicada ao Prêmio Shell de melhor atriz em 2015 por seu trabalho na peça *Salina: A Última Vértebra*.

29 DJ, ator e diretor, fundador do Núcleo Bartolomeu de Depoimentos e da Frente 3 de Fevereiro, diretor e fundador do Coletivo Legítima Defesa e sound designer do coletivo Juanita.

30 Atriz e professora da área de Artes da Universidade Federal do Sul da Bahia. Professora colaboradora do Programa de Pós-graduação em Artes Cênicas – UFBA. Autora de *Capoeira Angola Como Treinamento Para o Ator*, Bahia: Secretaria da Cultura, Fundação Pedro Calmon, 2008.

31 Ator, dramaturgo, roteirista, apresentador de televisão e diretor. Autor do sucesso *Namíbia, Não!*, que originou o longa-metragem *Medida Provisória*, dirigido por Lázaro Ramos.

32 Encenadora do Núcleo Afro-brasileiro de Teatro de Alagoinhas (Nata), doutora em Artes Cênicas pelo PPGAC da Universidade Federal da Bahia (UFBA) e pesquisadora das religiões de matrizes afro-brasileiras.

33 Ator, diretor, produtor, professor de teatro, cinema e televisão, idealizador e coordenador geral da Imagem dos Povos – Mostra e Seminário Internacional Audiovisual. Curador do Festival de Artes Negra – FAN.

34 Atriz de teatro e cinema e fundadora do grupo Caixa-Preta, atuando nos espetáculos *Hamlet Sincrético* (2005) e *Transegun* (2003). Estreou no teatro em 1978 no espetáculo *Pulo do Gato*, com direção de Décio Antunes. No cinema, estreou no curta *O Dia em Que Dorival Encarou a Guarda*, de Jorge Furtado e José Pedro Goulart (1986).

35 Atriz e produtora do Bando de Teatro Olodum desde sua formação em 1990. Coordenadora do Festival Internacional de Arte Negra A Cena Tá Preta. Integrou a Equipe de Produção do Fórum Nacional de Performance Negra.

36 Ator do Bando de Teatro Olodum, iniciou a carreira no grupo de teatro do Calabar, em Salvador. Em 1978, integrou a turma do Curso Livre de Teatro da Universidade Federal da Bahia (UFBA).

37 Atriz, diretora e educadora com atuação em São Paulo. Ela é diretora da Invasores Companhia Experimental de Teatro Negro.

38 Atriz e diretora da Cia. É Tudo Cena do Rio de Janeiro.

e impacto de *Sortilégio* em suas trajetórias e na de seus coletivos. Por meio do depoimento desses artistas, é possível dimensionar a importância desta peça como elemento impulsionador de uma renovação/revolução da dramaturgia negra brasileira.

Por exemplo, Licko Turle destaca a relevância desta obra e como ela se articula com práticas contemporâneas de teatro:

> Quando o Teatro Experimental do Negro (TEN) estreia a montagem de *Sortilégio* (*Mistério Negro*), ele inaugura, também, a dramaturgia negra no Brasil. Em 1995, utilizando as técnicas do Arco-íris do Desejo, de Augusto Boal, desenvolvi, com um grupo de estudantes universitários negros, o texto O Pregador, que, seguindo as ideias do TEN, também buscou a construção de uma dramaturgia própria abordando os conflitos das pessoas negras. Atualmente, em Salvador, a Pele Negra: Escola de Teatros Pretos desenvolve Estudos em Teatro Negro tendo como inspiração o marco histórico de Sortilégio.

De acordo com o ator e diretor Jé Oliveira, *Sortilégio* "é uma das obras pioneiras na discussão acerca da complexidade das questões do nosso povo preto: sem serem personagens descartáveis, são ambíguos e profundos. Obra importantíssima para

---

39 Escritor, poeta e professor da Universidade Católica de Salvador, autor do livro *Gramática da Ira* e agitador cultural responsável pelo Sarau Bem Black, realizado pelo Coletivo Blackitude: Vozes Negras da Bahia.

40 Atriz de teatro e televisão, bailarina e apresentadora. Integrou o Bando de Teatro Olodum e Viladança, foi fundadora da Cia. Os Crespos e passou pelo Teatro Oficina.

41 Atriz, dramaturga, roteirista e curadora, cursou jornalismo na Universidade Metodista de São Paulo e é formada em Dramaturgia pela SP Escola de Teatro. Atuou por dois anos na Cia. do ator Renato Borghi.

42 Ator, diretor, compositor e professor, contador de histórias com pesquisa direcionada para contos africanos e contos populares do Brasil. Foi fundador da Trupe Popular Parrua (SC) e do grupo Iwá (BA).

43 Autor, ator, encenador, bailarino popular e professor do Departamento de Artes Cênicas da UnB e do Programa de PPGAC da UFBA. É autor do livro *A Roda do Mundo Gira: Um Olhar Sobre o Cavalo Marinho Estrela de Ouro*, Recife: Sesc Piedade, 2006.

44 Fundador do Coletivo Negro, ator, diretor e dramaturgo. Como dramaturgo, possui peças escritas e encenadas: *Farinha Com Açúcar ou Sobre a Sustança de Meninos e Homens* (2016), *Valdemar e Nóis* (2014), *Taiô* (2013).

45 Poeta e dramaturgo, publicou as peças *Dentro É Lugar Longe* (2013), *Epístola.40: Carta (Des)armada aos Atiradores* (2016), *Revolver* (2018) e *Medea Mina Jeje* (2018).

o teatro brasileiro e preto, compõe o repertório das históricas montagens e nos convida a pensar acerca de múltiplas camadas da experiência negra do século xx. Obra indispensável para entender a modernização do teatro brasileiro".

Para Érico José, diretor e professor de teatro, a peça:

> é o mais profundo e agudo olhar sobre a sociedade brasileira e seu racismo estrutural que destroça a negritude. Através da busca existencial e ancestral do negro no Brasil, simbolizado por Dr. Emanuel (personagem principal da trama), Abdias do Nascimento instaura várias questões sobre nossa sociedade e fissura a ideia de democracia racial, tão alardeada pela intelectualidade brasileira (branca). O silêncio sobre e as poucas montagens deste texto de Abdias do Nascimento escancara, ainda mais, o racismo e o descaso que o Brasil tem com os artistas e intelectuais negros.

Um dos aspectos fundamentais desenvolvidos a partir do Teatro Experimental do Negro (TEN) e, por conseguinte, de *Sortilégio*, é a consciência racial empreendida desde o lugar da estética e da cultura, para além do discurso político. A arte cumpre um papel emancipador em si mesmo, na construção da pessoa negra em suas expressões mais plenas. Eugênio Lima, DJ, diretor e pesquisador de poéticas da cena afirma: "Ler *Sortilégio* é uma experiência amarga e visceral. Diante de você, na escrita de Abdias, o estraçalhamento que o embranquecimento proporciona, desfila seu movimento trágico. Emanuel, na sua luta pela convivência social, se depara com impossibilidade de aceitação. O negro embranquecido, esquecido de si, só existe, na cultura branca colonial, para ser sacrificado. Ele é o carrasco do seu próprio sacrifício."

Para Maria Gal:"Abdias Nascimento é uma das maiores referências para a sociedade brasileira. O tema da invisibilidade simbólica ser tão cruel quanto a invisibilidade física é um convite para um entendimento mais aprofundado sobre um tema tão importante que é a equidade racial em todos os setores da sociedade", conclui a atriz e apresentadora.

"Ali, onde a ascensão social – com toda a sua quinquilharia de ambição – se depara com a fratura da identidade profunda, é onde a peça *Sortilégio*, de Abdias do Nascimento, instaura o conflito, e qualquer caminho da encruzilhada nos apresenta, do abismo do ser, o dilacerante grito." Assim o escritor Cuti traduz aspectos da abordagem que transita entre o estético e o social, e se afirma como paradigma de atuação artístico-cultural desse coletivo que ambicionou e produziu tantas transformações que ainda reverberam no teatro contemporâneo.

A atriz gaúcha Vera Lopes, integrante do grupo Caixa-Preta, vaticina acerca da peça como construção de imaginário estético-mítico:"Sortilégio é coisa-feita. Abdias do Nascimento com o seu *Sortilégio* nos conduz, através do drama, aos nossos espaços de pertencimento, reconexão e cura. É Padê posto, é magia, é teatro, é vida negra no centro da cena. É coisa-feita. É coisa bem-feita."

Em *Sortilégio*, o personagem negro advogado Emanuel, que renega as tradições ancestrais de sua cultura e busca a ascensão social, assassina sua mulher branca, Margarida, e refugia-se justamente no espaço mítico-cultural ligado aos rituais afro-brasileiros. É uma metáfora do processo de autorreconhecimento através da senda mítico-histórica, que o faz perceber seu caminho e "matar" simbolicamente o branco que o habita.

A ambientação da peça traz para a cena elementos culturais de matriz africana que, até

46 Ver Jessé Oliveira, Empretecendo os Clássicos, *Legítima Defesa, Revista da Cia. Os Crespos*, ano 8, n. 4, São Paulo, 2021.

aquele momento, eram geralmente abordadas de forma periférica, esquemática e estereotipada. Trata-se de uma tradição atávica do teatro brasileiro de então, que copiava modelos europeus e trazia a marca da subalternidade racial, fruto do escravismo e colonialismo. Abdias e seu teatro se insurgiam contra essa tradição de modo frontal, inaugurando um novo olhar para o ser negro, as culturas de matrizes africanas, o choque civilizatório entre culturas europeia e africana. A peça transita em territórios culturais diversos que dialogam com noções de sincretismo cultural, interculturalismo e cruzamento de culturas.

Proponho, a título de análise, a noção de linguagem teatral sincrética[46] elaborada desde o conceito de sincretismo como reunião de princípios diversos, mantendo traços de cada um deles e assim produzindo significados outros, de acordo com propostas de encenação que entrecruzam tempos e lugares culturais distintos. Neste caso, emprego o conceito como instrumento para analisar e pensar sobre um sistema de criação teatral específico. Mas o conceito pode ser empregado para compreender a obra em tela, uma vez que há uma apropriação de princípios culturais advindos de religiões de matriz africana, manifestações performativas afro-brasileiras e também de personagens presentes nos clássicos euro-ocidentais que, fundidos, propõem esquemas de criação teatral de múltiplas fontes culturais.

Aqui o conceito de sincretismo não é usado de forma romantizada ou atenuante, como se não coubesse nele contradições e o reconhecimento de violência contra os grupos subalternizados. Porém, o conceito também pode ser compreendido como práticas de resistência e reinvenção dos grupos afetados negativamente pelo processo colonizatório, em especial do povo negro e sua cultura. Tal processo possibilita o procedimento cênico empreendido em *Sortilégio* e obras que o sucederam.

A obra propõe a utilização das tensões sociais e raciais como ferramentas racionais e simbólicas para discutir um projeto de nação e suas contradições. Entretanto provoca, exige que o leitor/espectador seja instado a interpretar os símbolos propostos na obra e articular significados. Reflete sobre como se dá a relação entre aspectos tão complexos, partindo de noções culturais diversas, as quais precisam de um esforço para ler a representação de uma fonte cultural mediada por outra. Chegando essa representação ao espectador, ele deve fazer a leitura desses códigos e signos cênicos de acordo com seu domínio dos símbolos culturais. Esse indicativo preconiza uma leitura atenta sobre o que, contemporaneamente, aponta Patrice Pavis[47] quando pensa acerca do interculturalismo. Partindo do que chama de cultura alvo e cultura fonte, Pavis reconhece um complexo caminho entre esses pontos e possíveis leituras não menos complexas. Nas palavras de Aldri Anunciação:

> *Sortilégio* é uma peça de teatro que traz a encruzilhada da referência cultural como gatilho da ação dramática. Através das personagens Emanuel, Ifigênia e Margarida, o dramaturgo Abdias Nascimento promove um embate cultural, dialógico e dialético, que expõe as pressões que uma cultura promove mutuamente sobre a outra, em um jogo de forças estruturais que coloca o sujeito/sujeita no centro da vulnerabilidade. Uma tensão entre o místico e o científico que se desenha ao longo da narrativa e estimula o espírito crítico do leitor-espectador sobre a encruzilhada cultural brasileira. Uma obra sensacional!

---

[47] Ver *O Teatro no Cruzamento de Culturas*, São Paulo: Perspectiva, 2008.
[48] Mário Cravo Junior (1923-2018) integrou a primeira geração de modernistas baianos, atuando como escultor, gravador, desenhista e pintor.
[49] Ver Abdias do Nascimento (org.), *Dramas Para Negros e Prólogo Para Brancos*.

SORTILÉGIO PARA O DEVIR DO TEATRO NEGRO

A atriz Léa Garcia, integrante do Teatro Experimental do Negro e do elenco original de *Sortilégio* em sua primeira versão relembra:

> Ao fazer das gravuras de Mário Cravo[48], que eu trouxe de Salvador para ele, a capa de sua antologia teatral[49], que inclui *Sortilégio*, Abdias do Nascimento não imaginou o quanto me surpreendeu e sensibilizou. Falar de *Sortilégio* me detém no momento intenso da narrativa dramática de Abdias, quando Emanuel transformado, junto à Gameleira Sagrada, explode com capacidade assombrosa de libertação: "Eu matei Margarida, sou um negro livre!" Seu brado político, centrado no resgate da sua identidade racial e na Cultura de seu povo preto, devolve-lhe o espaço renegado de protagonista de sua verdadeira história. Liberto das amarras que o alienam, que o aprisionam, ele mata o regime ditatorial.

Adyr Assumpção observa que:

> além de trazer para a cena do palco principal um conjunto de atores negros, *Sortilégio* permitia uma exposição de diversos preceitos do Candomblé, com a mesma deferência que se teria caso o texto fosse uma tragédia grega. Os limites da ousadia podem ser notados numa observação que o autor faz no início do texto: "o ritual da macumba constitui uma parte integral do 'mistério negro'. Entretanto, a encenação não deverá perturbar a ação e nem prejudicar a atmosfera da magia e irrealidade fundamentais à evolução do drama real e íntimo do herói. Aliás, uma transposição naturalista da religião afro-brasileira para o palco só prejudicaria a peça, que não pretende trazer à cena a fotografia

etnográfica da Macumba ou Candomblé, nem a simples reprodução folclórica dos rituais negro-brasileiros".

Outro aspecto a considerar são as referências e cruzamentos culturais que perpassam a obra. Leda Maria Martins destaca que:

> o texto, no subtítulo, define-se como um mistério negro. Esse epíteto oferece, de imediato, algumas conotações. O termo mistério evoca o culto de divindades ancestrais, sejam elas africanas, cristãs, ou outras, assim como remete, ainda, a uma modalidade teatral medieval, os Mistérios, em cuja tessitura se evidenciava o uso híbrido de canções, coros, recursos sonoros e plásticos variados. O adjetivo negro torna-se, neste caso, um sinal que aponta uma dupla referência; a mística, firmada pelas divindades e mistérios dos ritos afro-brasileiros, e a estética, vinculada ao gênero teatral da Idade Média e ao teatro ritual africano[50].

Tal como acontece em diversas áreas da sociedade e cultura ocidental, na brasileira as pessoas negras estiveram relegadas a um papel de invisibilidade, como se uma parte tão significativa da população – que hoje representa mais de 50% de indivíduos do país – pudesse ser escondida, recalcada. Assim também aconteceu com a dramaturgia brasileira e com os realizadores de teatro negro no Brasil. A pessoa negra, na esfera teatral, era representada de forma caricata, inferior e maniqueísta. O Teatro Experimental do Negro (TEN) foi pioneiro e contribuiu para que o racismo que pautava e permeava a cena nacional fosse evidenciado e, em alguma medida, questionado e ressignificado, influenciando as atuais gerações de teatro negro. Os realizadores atuais ainda

---

[50] *A Cena em Sombras*, São Paulo: Perspectiva, 1995, p. 104.

enfrentam, em grande medida, a falta de visibilidade imposta estruturalmente desde sempre.

Na definição da encenadora e pesquisadora Fernanda Onisajé:

> *Sortilégio*, de Abdias Nascimento, é um texto fundante e fundamental. A obra deflagra a ação e a reação de nós, artistas negros, por meio da poética de Abdias de nos colocar diante do mundo, de presentificar nossas questões, subjetividades, conflitos e identidade negra diante da cena, do estupor do branco em ver nosso processo de reintegração de posse cultural, política, econômica, histórica, racial e artística. A voz deste grande baluarte das artes negras é um ebó poderoso de empoderamento, é bom combate no front da guerra racial que vivemos no Brasil. Este texto perenizou um momento histórico de retomada da nossa presença ativa no teatro e foi a grande virada dramática de uma arte feita por nós, sobre nós e para nós.

A dramaturga e atriz Dione Carlos aponta aspectos que redimensionam recortes de gênero e raça sob perspectivas de alteridade e autopercepção: "*Sortilégio* sempre me pareceu um alerta sobre os perigos de desejar ser aceita em uma sociedade escravocrata. A tragédia de Emanuel e das mulheres da peça, Margarida e Ifigênia, resulta de um sistema que cria 'outros', fazendo com que certos grupos de pessoas aprendam a não gostar de estar no próprio corpo, além de punir com severidade qualquer movimento de liberdade exercido por elas, nós."

Outro aspecto a considerar é a contribuição de Abdias Nascimento para uma epistemologia negra do teatro. Ele encetou reflexões que amplificaram os estudos do teatro para além de uma historiografia que considerava apenas os teatros gregos e europeus, mostrando que havia outros teatros de matrizes africanas. Entre suas obras, há um estudo teórico na abertura de *Dramas Para Negros e Prólogo Para Brancos* assim como em *O Genocídio do Negro Brasileiro* e em *O Quilombismo*, em que ele oferece capítulos dedicados a pensar teoricamente o teatro em suas múltiplas matrizes étnico-culturais. Considera-se, ainda, a significativa literatura de Abdias que transitava por poesia, estudos sociológicos e históricos, dramaturgia, política e estudos teatrais.

Ao buscar uma epistemologia do teatro negro no Brasil, estamos trilhando um caminho de afirmação cultural e buscando a legitimação intelectual. Mas a consolidação do teatro negro contribui também para reforçar a forma de reconhecimento. Afinal, se o indivíduo tem sua imagem liberada dos estereótipos, ele poderá se sentir, especialmente, mais seguro, reconhecido, e, com isso, potencializar sua autoconfiança, assim como a solidariedade de raça, reforçando a noção de autoestima. Aqui recordo uma fala de Cuti: "Sim, essa peça me despertou para a importância da personagem branca no teatro negro-brasileiro para se estabelecer a oposição conflitiva e sairmos da opção antropológica de apenas negros em cena fazendo referência a um branco ausente. É isso que *Sortilégio* me fez considerar." Há certa semelhança na peça *Transegun*, de Cuti, com a obra pioneira de Abdias Nascimento, no uso da personagem branca como elemento de conflito.

A peça *Sortilégio* é, seguramente, uma das obras seminais do moderno teatro negro e obra referenciada por realizadores teatrais negros que a citam, juntamente com o Teatro Experimental do Negro, como base política e criativa para a maioria dos coletivos teatrais negros.

51 Dramaturgo, romancista e poeta nigeriano, primeiro negro e primeiro africano vencedor do prêmio Nobel de Literatura. Além de trabalhar no Teatro da Corte Real (Royal Court Theater) em Londres, ele protagoniza e estuda a dramaturgia africana.

Contudo, buscando registros de montagens da peça para o presente texto, encontrei poucos. Destaque para a encenação de estreia em 1957, realizada pelo próprio Teatro Experimental do Negro (TEN). Depois disso, há um hiato com poucas montagens ou pouco destaque nos meios jornalísticos e acadêmicos. Ainda assim, *Sortilégio* se consagrou como um dos mais emblemáticos textos da dramaturgia brasileira. A obra foi encenada em várias ocasiões em inglês, no exterior. Em 1975, teve uma encenação na cidade de Buffalo, pela Universidade do Estado de Nova York, EUA, e outra em Los Angeles, como parte do Black Brazil – A Festival of Arts, realizado pelo Inner City Cultural Center. O festival contou com ampla programação que incluía palestra e exposição de pintura de Abdias Nascimento, além de apresentações musicais. Houve outra apresentação de *Sortilégio* realizada pela Rites and Reason Theatre, do Departamento de Africana Studies da Brown University, em 2014. A peça foi encenada na Nigéria, como parte do Festival de Herança Negra de Lagos, realizado no Parque da Liberdade (Freedom Park), em março de 2013. Freedom Park é o local da penitenciária colonial onde os ativistas anticolonialistas eram encarcerados. A prisão foi demolida, preservando apenas parte da estrutura como testemunho histórico. O terreno foi transformado em um parque e centro cultural com três teatros, um anfiteatro de cinema, um museu e galeria de artes plásticas, como afirma Elisa Larkin Nascimento. O festival foi coordenado por Wole Soyinka[51]. Na qualidade de professor da Universidade de Ifé, Soyinka dirigira uma leitura dramatizada de *Sortilégio* em 1976, com a presença do autor, então colega de Soyinka no corpo docente da universidade.

Algumas leituras dramáticas foram empreendidas, no Brasil e no exterior, sempre trazendo elementos de encenação e não somente como simples leitura. No espaço da Sociedade Brasileira de Autores Teatrais (Sbat), no Rio de Janeiro, houve uma leitura dramatizada dirigida por Luiz Antonio Pilar[52], na década de 1990, que o autor presenciou. No elenco estavam Ruth de Souza, Antonio Pompeu, Iléa Ferraz[53], Márcia Santos[54], Paloma Riani[55] e Sarito Rodrigues[56].

Na Universidade Federal do Rio de Janeiro, uma apresentação dramatizada foi realizada no Instituto de Filosofia e Ciências Sociais, em 2002, também com a presença do autor.

A atriz e diretora Tatiana Tibúrcio, do Rio de Janeiro, relata que "*Sortilégio* fez parte do meu projeto Negro Olhar: Ciclo de Leituras Dramatizadas com atores e artistas negros. Realizamos uma primeira leitura de *Sortilégio* na Universidade do Estado do Rio de Janeiro em 2007. Na sequência, fomos convidados pelo Instituto Palmares de Direitos Humanos para uma apresentação na Instituição", com a presença do autor. Dessa leitura participaram Dani Ornellas[57] (Ifigênia[58]), Daniela Tibau[59] (Margarida), Fabrício Boliveira[60] (Emanuel). Na primeira apresentação patrocinada do projeto, realizada no Teatro

---

[52] Ator, produtor e diretor de teatro, televisão e cinema.
[53] Atriz, dramaturga, diretora teatral e artista plástica e visual no Rio de Janeiro.
[54] Atriz, dramaturga e diretora teatral, autora da peça *Luiza Mahin... Eu Ainda Continuo Aqui*.
[55] Atriz, diretora e preparadora de elenco.
[56] Atriz, dubladora, diretora de dublagem e locutora.
[57] Iniciou sua carreira no Teatro Escola Tablado, despontou no cinema nos filmes *Filhas do Vento*, de Joel Zito Araújo, *Cruz e Sousa – O Poeta do Desterro*, de Sylvio Back, e *Cidade de Deus*, de Fernando Meirelles.
[58] Essa foi a grafia adotada na primeira encenação, e depois na primeira publicação, da peça. Em respeito à fidelidade histórica, neste ensaio e na entrevista de Léa Garcia optamos por manter essa forma, ainda que em desacordo com a grafia oficial e correta adotada na versão definitiva da peça.
[59] Atuou em obras da dramaturgia universal, tais como: *Woyzeck*, de Georg Büchner; *A Intrusa*, de Maeterlinck; *Fala Comigo, Doce Como a Chuva*, de Tennessee Williams.
[60] Ator de teatro e televisão com carreira consolidada, atuando em papéis de destaque em filmes de sucesso como *Somos Tão Jovens*.
[61] Nascido e criado em São João de Meriti, atua como ator em teatro, cinema e televisão.
[62] Renata Pallottini foi autora, ensaísta, dramaturga e professora. Autora de, entre outros livros, *Dramaturgia: A Construção da Personagem* (Perspectiva), *Introdução à Dramaturgia* (Brasiliense), *O Que É Dramaturgia* (Brasiliense) e *Dramaturgia da Televisão* (Perspectiva).
[63] Ator e diretor de teatro com intensa atuação em São Paulo.
[64] Cristina Costa (org.), *Leituras e Releituras: Sete Peças Vetadas Pela Censura Lidas e Analisadas na Atualidade*, São Paulo: Palavra Aberta/Observatório de Comunicação, Liberdade de Expressão e Censura (Obcom) da USP, 2017.

Nelson Rodrigues da Caixa Econômica Federal, a peça contou com a participação luxuosa de Léa Garcia no papel de Ifigênia, assim como na montagem original do TEN.

Em 2012, a Comissão de Jornalistas pela Igualdade Racial (Cojira), do Sindicato de Jornalistas do Rio de Janeiro, realizou a segunda edição do Prêmio Nacional Jornalista Abdias Nascimento. O evento final, em que os vencedores receberam seus prêmios, aconteceu no Teatro Casa Grande, espaço nobre da cultura no Rio de Janeiro. Como parte do evento, houve uma leitura de cenas de *Sortilégio*, com Léa Garcia e Cridemar Aquino[61], sob a direção de Iléa Ferraz.

O estudo e uma leitura dramática do texto teatral *Sortilégio* foi um dos pilares fundamentais da consolidação estética da trajetória da atriz e escritora Cristiane Sobral e do repertório de sua Cia. de Arte Negra Cabeça Feita, no Distrito Federal, Brasília. Também o grupo Caixa-Preta, de Porto Alegre, fez uma leitura dramática dentro da segunda edição do Encontro de Arte de Matriz Africana, evento realizado anualmente pelo grupo entre os anos de 2006 e 2012, na capital gaúcha.

Em 2015, o projeto Censura em Cena, da Escola de Comunicações e Artes (ECA) da Universidade de São Paulo (USP), em parceria com o Centro de Pesquisa e Formação do Sesc São Paulo, promoveu leituras dramáticas de seis peças proibidas pela censura do Estado de São Paulo e presentes no Arquivo Miroel Silveira, da ECA/USP, entre elas, *Sortilégio*. O conjunto de leituras teve a coordenação da escritora e dramaturga Renata Pallottini[62] e direção de Roberto Ascar[63], resultando na publicação de um livro que reúne ensaios sobre as sete peças estudadas no projeto[64].

A primeira montagem do texto definitivo de *Sortilégio* foi levada ao palco pelo encenador baiano Ângelo Flávio Zuhalê, em 2014, no centenário de Abdias e nos dez anos da Cia. Abdias Nascimento (CAN). Ângelo Flávio também dirigiu uma leitura dramática encenada no Projeto Abriu de Leituras, realizado na inauguração do Espaço Barroquinha, em Salvador. Para o Abriu de Leituras, o CAN convidou diretores de diversos estados brasileiros para encenar peças que compunham a antologia do TEN, *Dramas Para Negros e Prólogo Para Brancos*.

Ângelo Flávio assevera que: "A ausência da montagem teatral desta dramaturgia se deve ao fato de uma ausência de base intelectual nas academias e cursos teatrais, para poder saber acessá-lo em seu mosaico semiótico." Afirma ainda que:

> Aqui no Brasil, a nossa base e formação intelectual é colonialmente eurocentrada. Esta atravessou o século XXI e ainda permanece hegemônica na difusão das epistemologias no logos das universidades em nosso país. O texto *Sortilégio* é afro-centrado. Sua tragédia e redenção heroico-dramatúrgica nos convidam a fazer um retorno às heranças afro-brasileiras como autorresgate daqueles que se perderam nas trincheiras da massificação colonial, na tentativa de uma possível sobrevida.

Sortilégio, cujo sentido indica feitiço, dote natural que exerce atração, fascinação, encanto e sedução, tem sido esse polo catalizador de certo sentimento de pertencimento dramatúrgico que inspira tantos autores sem, no entanto, ganhar carne em cena. Considerando que os clássicos ganham esse *status* justamente porque são encenados tantas vezes e de formas tão diversas, podemos afirmar que Shakespeare é um clássico porque na Inglaterra é montado por estudantes, elencos amadores e profissionais, porque é estudado e refletido nas críticas especializadas em periódicos e nos meios acadêmicos.

Nelson Rodrigues, no Brasil, tem dimensão clássica porque é encenado repetidamente; qualquer jovem ator ou atriz quer interpretar personagens shakespearianas ou rodrigueanas por verem nelas certa noção de universalidade. Rudinei Borges, autor contemporâneo, diz categoricamente: "A peça *Sortilégio* abriu as portas para que nascesse outra perspectiva na escrita dramatúrgica, portanto é corajosamente precursora do que ousamos fazer hoje no teatro: realocar outros brasis para o centro da cena. A obra inaugural de Abdias do Nascimento instaura um caminho sem volta: há um teatro em que a pessoa negra pode falar, pode ser em abundância e pode sonhar um mundo para além dos grilhões."

Ângelo Flávio acrescenta:

> Para se montar aqui no Brasil alguns clássicos como as tragédias e comédias gregas, o teatro shakespeariano elizabetano, o teatro do absurdo, o teatro alemão, o teatro francês e assim por diante, foi imprescindível uma base e estrutura intelectual para saber acessar e ler a obra em sua dimensão profundamente cultural. Para montar o clássico *Sortilégio*, o mesmo. É imprescindível fazer um estudo nas tradições afro-brasileiras em sua dimensão cultural e filosófica de um povo. A ausência da montagem deste clássico nos coloca diante de uma pergunta: Como um país de base euro-centrada irá compreender e montar um texto com propósito afrocentrado?

Para além do impacto da ruptura com códigos linguísticos, *Sortilégio* provocou a necessidade de um outro corpo em cena; do desenvolvimento de habilidades para o intérprete negro frente a essa outra representação e presença. O ator negro contemporâneo compreendeu que, para conseguir realizar todo o espectro de exigências corpóreas, ele precisaria se dedicar a treinar seu corpo, veículo na cena, e dominar, além das linguagens da tradição ocidental do teatro, os componentes e códigos gestuais que possibilitam recriar aquilo que está presente nas manifestações afro-brasileiras e transformado em códigos gestuais.

Sortilégio é um dos mais icônicos textos teatrais brasileiros. Povoa o imaginário dos coletivos e *ensembles* negros, como uma memória ancestral que faz parte de seu aprendizado cultural. Mas a obra não está mais subscrita apenas ao teatro negro. Ela já compõe o panteão das obras dramatúrgicas brasileiras de maior relevância e influência da cena moderna.

Jessé Oliveira
Dramaturgo, diretor teatral e gestor cultural

▲ (no alto) *Léa Garcia e Abdias Nascimento, como Ifigênia e Emanuel, contracenam na montagem de 1957.*

▼ (embaixo) *Emanuel e as Filhas de Santo em cena da peça, em 1957, com Abdias Nascimento em primeiro plano.*

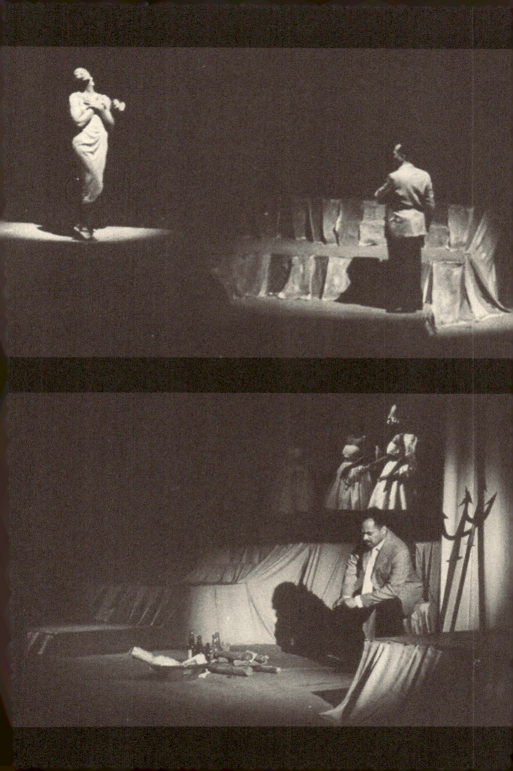

ENTREVISTAS

COM LÉA GARCIA

5 de janeiro de 2022

ELISA LARKIN NASCIMENTO: Léa, em primeiro lugar, agradeço esse seu depoimento, fundamental para a reedição deste texto definitivo da peça *Sortilégio*. Você acompanhou a criação de *Sortilégio* porque convivia com Abdias Nascimento na época. Como foi o processo de elaboração do texto?
LÉA GARCIA: Eu tinha dezoito ou dezenove anos quando esse texto foi elaborado por Abdias. Para mim, era uma novidade ver a feitura de um texto teatral na minha frente. E feita com aquela sofreguidão, aquela intensidade que Abdias tinha no seu temperamento, no seu modo de ser. Ele batia com força naquela máquina de escrever, absorvido completamente, numa força de intenção muito grande. Era uma sofreguidão, tac tac tac. E motivado pela perda de Aguinaldo Camargo. A peça foi escrita em seguida ao falecimento de Aguinaldo. A personagem Emanuel tem bastante do Aguinaldo Camargo, que sofreu discriminações também. Abdias registrou isso numa cena de Emanuel que é quase o retrato

◄ *Heloísa Hertã e Matilde Gomes (Filhas de Santo I e III) em 1957.*

de um fato que aconteceu com Aguinaldo Camargo: a fala do delegado, "Tira esse doutor de merda daqui!" Isso aconteceu com Aguinaldo. Além de ator e organizador de atividades do Teatro Experimental do Negro, Aguinaldo era advogado e delegado de polícia. Mas o próprio colega dele não acreditou em nada disso. "Meta o doutor africano no xadrez!", grita o policial ao prender Emanuel e jogá-lo no camburão.

Abdias se concentrava de uma forma muito emotiva. Eu tinha impressão de que as ideias chegavam, lembranças de outros momentos. Ele não queria perder o que chegava na mente dele.

ELN: Eu via a mesma coisa, assistindo a ele escrever as poesias. A grande maioria dos poemas que estão no livro[65] ele escreveu assim, em umas duas semanas, nessa mesma intensidade.

LG: Parece que alguém está ditando para ele, talvez sejam os deuses africanos, eu não sei... Ao mesmo tempo, tem as narrativas dele a serem colocadas. Recebe aqui, joga ali... Era uma coisa incrível, um homem que tinha essa força, esse temperamento e esse modo de ser tão vibrante.

ELN: Ele escreveu o texto sete anos antes de estrear no palco. Os meninos haviam nascido já?

LG: Sim, Henrique havia nascido. Abdias escrevia a peça e fazia contatos com pessoas envolvidas no Teatro Experimental do Negro, que poderiam atuar quando a peça fosse montada no teatro. Os bailarinos, o coreógrafo, o cenógrafo... ele disse que eu faria a personagem Efigênia. Então isso tudo estava à volta dele, me envolvendo também, de uma forma muito intensa. Eu revi essa personagem mais tarde, com o passar dos anos, e pude perceber que, para fazer a Efigênia mais nova e sonhadora, eu tinha desenvoltura. Mas eu não tinha maturidade e experiência profissional para

---

[65] Abdias Nascimento, *Axés do Sangue e da Esperança* (*Orikis*); Rio de Janeiro: Achiamé, 1983. Disponível em: <https://ipeafro.org.br/ >. Acesso em: 10 jan. 2022.

dar veracidade a Efigênia após o relacionamento com José Roberto, a Efigênia que Emanuel recebe no alto do morro. Eu trouxe para a cena uma mulher vulgar, modelada no estereótipo. Mas Efigênia não se tornou apenas uma prostituta da forma que sociedade as vê. Hoje eu acho que não atingi o sofrimento, o esmagamento daquela mulher negra. A personagem tinha uma dimensão dramática que eu não soube passar.

ELN: Você foi a estrela feminina da estreia no Theatro Municipal do Rio de Janeiro. O que você lembra dessa estreia?

LG: O espetáculo provocou muitas discussões. Abdias foi arrasado pela crítica enquanto teatrólogo. Achavam que ele estava fazendo racismo às avessas, mas não era nada disso. Se você acompanhar com atenção a narrativa de Abdias, você descobre que, ao fazer o resgate de sua ancestralidade, Emanuel renasce enquanto negro, recupera a sua identidade perdida, se define e se atualiza enquanto cidadão brasileiro e homem negro.

ELN: Você pode dar um exemplo dessas críticas, o que alegaram?

LG: As críticas eram controversas nos jornais da época – *O Globo*, o *Correio da Manhã*, a *Última Hora*, *A Notícia* e outros. A maioria era muito negativa. Poucos, poucos abraçavam ou compreendiam esse texto. Não tinham – como atualmente ainda não têm – a compreensão e o conhecimento justo da problemática do racismo no Brasil para entender a razão real do texto.

ELN: Uma crítica positiva foi a de Nélson Rodrigues.

LG: Pois é! Mas por quê? Porque Nélson estava envolvido. Nélson trouxe uma nova linguagem para o teatro brasileiro, uma crítica social e política à burguesia e à elite. Intelectuais e artistas como Nélson Rodrigues, Léo Jusi[66] e alguns outros, tinham uma visão à frente, de um país mais justo e igualitário. Entendiam a pluralidade racial. Lógico que o Nélson tinha que entender. Mas as outras, as pessoas com o pensamento elitizado, estavam realmente contra aquele texto. Para elas, era – e sempre será – um texto racista às avessas. É por isso que hoje eu quero me deter nas duas personagens femininas: Efigênia e Margarida.

ELN: Realmente, a questão racial emerge, na peça, em grande parte por meio delas.

LG: Eu quero considerar a forma como elas são enfocadas e o que simbolizam com relação à sociedade racista.

ELN: Essa sociedade que Nélson Rodrigues critica.

LG: Justamente. Efigênia era uma jovem negra, criada pela família com muitos cuidados. Namoradinha de Emanuel, terminando a faculdade, bailarina clássica. Eles tinham um sonho maravilhoso de ascensão social. Os dois estavam envolvidos por todo o sentimento eurocentrista da educação e cultura, a informação que lhes orientava era essa; eles não tinham por onde desenvolver uma consciência racial. A falta de uma visão crítica os vitimou. Todos os dois. Até que ele, de repente, desperta – e ela não. Efigênia busca o homem branco para atingir o poder, como chave, e se ferra aí. Ela não encontra respaldo, não lhe aparece mais nenhuma saída. Absorvida pelo sistema, esmagada pela sociedade, ela praticamente morre enquanto pessoa. E fica sozinha. Nem o próprio Emanuel vai defendê-la. É muito sério isso: errou, errou, está perdida. Emanuel não lhe deu a mão. Ele foi atrás da mulher branca e ficou desiludido, mas ele se recupera e vai seguir o caminho dele, deixa Efigênia sozinha. "Você me traiu." Ou seja, o macho pode se redimir; a mulher, não.

---

66 Léo Jusi dirigiu o espetáculo de estreia no Theatro Municipal em 1957.

Então Efigênia simboliza a mulher que não tem conhecimento de sua condição de mulher negra neste país. Ela se perde enquanto ser humano, enquanto mulher, enquanto tudo. Emanuel foi machão, porque quando Efigênia tentou voltar para ele, ele não a aceitou mais. Macho ferido. A gente ainda precisa estudar esse macho! É incrível. Esse texto tem muita coisa para a gente estudar e entender.

ELN: Tem uma coisa que sempre me intrigou. Efigênia realmente é aniquilada. E uma das maneiras que isso é passado no primeiro texto é que Pombagira toma conta do corpo dela. Eu queria que você comentasse isso.

LG: Bom. Se nós considerarmos que Exu Pelintra e Zé Pelintra são vistos como diabo, Pombagira também é uma capeta! Maria Padilha e Maria Malandra são as duas mulheres do Zé Pelintra. Eles são da Umbanda. Não estão presentes no Candomblé, porque no Candomblé não existe o diabo. Exu é o mensageiro, ele que abre os caminhos. Então, é uma influência do catolicismo e das outras religiões que não sejam de matriz africana. A influência do maniqueísmo. Considerando isso, eu tenho a impressão de que, naquele momento, o autor juntou o Candomblé com a Umbanda na figura de Pombagira. Como ele não encontrou no Candomblé uma figura demoníaca, e as pessoas consideram Zé Pelintra e Maria Padilha como diabólicos, eu acho que ele pôde simbolizar essa Efigênia destruída como uma Pombagira. Uma mulher fácil. Essa é a visão que se dá a Pombagira, não o pessoal da Umbanda, mas quem está de fora. Talvez fosse um recurso do autor falar de Efigênia como Pombagira, para ser entendido pelos outros.

ELN: A minha sensação é de que, no primeiro texto, Abdias como autor está imaturo para poder enxergar a mulher negra.

Então o que ele faz com Efigênia é sumir com ela. O que é contraditório, se você for ver a maneira como Abdias vê a mulher negra, mesmo antes disso. Ele reconhecia e citava a mulher negra enquanto protagonista da cultura e da vida do povo negro. Mas ali na peça ele não conseguiu encontrar a solução dramática. Para mim é uma das grandes razões pelas quais ele reescreveu o texto.

LG: Que vem prestigiar as mulheres negras através de suas lutas, em especial as ativistas, as empoderadas que estão reagindo e conquistando espaços.

ELN: Ao lado do homem negro. Mas naquele momento ele não conseguiu resolver isso na peça.

LG: Ele deve ter visto isso e foi refazer.

ELN: Tinha duas grandes questões ali. Uma era trazer a experiência da África, pela vivência na Nigéria, através da personagem da ialorixá.

LG: E o resgate da Efigênia. Acontece o resgate da Efigênia. Ele resgata a Efigênia.

ELN: No primeiro texto, a Efigênia se entrega à Pombagira porque fica...

LG: Enlouquecida. Ela enlouquece. E não é por prazer, é destruição. A perda da identidade destrói. Eu trabalhei no Pinel durante muito tempo. Tem muito mais negro do que qualquer outra etnia.

ELN: Ah, então o fato de Efigênia se entregar assim a Pombagira é...

LG: Loucura! Louca. No hospício tem muito mais preto que branco. É perda de identidade, é o fator econômico péssimo, é a má alimentação. Há pessoas que não conseguem nunca se restabelecer.

ELN: Daí a figura da Pombagira ser demoníaca. Porque não é uma loucura criativa, não tem espaço para criatividade. É só destruição.

LG: Só destruição. Ela é tomada pela figura da Pombagira, como se a Pombagira fosse só uma figura de destruição. Mas o pessoal da Umbanda diz que não.

ELN: Entendi. Então vamos falar sobre Margarida.

LG: Emanuel, também na sua ânsia de atingir o poder, reproduz Efigênia; ele corre atrás da mulher branca. E não foi por amor. Margarida o amava, mas ele não amava Margarida. Depois ele passou a gostar de Margarida. Isso está bem claro no texto. Eu tenho certeza de que *Otelo*, de Shakespeare, inspirou Abdias na relação de Margarida com Emanuel. Uma principal característica dessa relação é o ciúme, que toma conta de Emanuel, assim como Otelo. Emanuel vai percebendo que ele estava errado ao tentar chegar ao poder através de Margarida e se desespera. Margarida passa a simbolizar para ele o sistema que sempre o oprimiu, o sistema que destruiu Efigênia. Então, Emanuel não mata Margarida, ele mata o sistema. É isso que eu digo para as pessoas. Muitas pensam: "Ah, ele era racista." Não! Margarida simbolizava o sistema. No caso de Efigênia, é o contrário. Ela não mata José Roberto; ela é morta por José Roberto. Ela é morta pelo sistema. E Emanuel mata o sistema. Ele quer renascer, quer ser um negro livre. Tanto que ele diz: "Eu matei Margarida. Sou um negro livre." Ele corre atrás de sua ancestralidade e volta para todos os seus orixás. Reconhece tudo que ele fez no passado, e volta puro. Ali naquela gameleira, ele adquire uma pureza. Se torna um ser puro, não mais contaminado por aqueles conceitos. É muito bonita aquela imagem.

ELN: "Eu me livrei de tudo isso."

LG: "Eu me livrei, não preciso mais disso." Então é grandioso. Agora, as pessoas que leem com uma visão convencional, antiquada, não reconhecem um trabalho que naquela época era revolucionário... é lógico que elas não vão entender, não é?

ELN: Sem dúvida! Léa, e o que você me diz da Teoria das Iaôs, que traz Margarida na rede de Iemanjá?

LG: Aquela Iemanjá branca, de cabelos louros e olhos azuis é uma figura de Umbanda, da sincretização, onde a característica de Yemoja está se perdendo. Fizeram uma mistura da igreja católica, Nossa Senhora não sei das quantas, com a sereia dos europeus – uma imagem que não tem nada a ver com Yemoja.

ELN: Tem ali uma implicação da Margarida como sendo atraída pela cultura negra?

LG: Não. Eu acho que ela foi atraída por Emanuel enquanto homem. Ela vem nessa rede numa visão de Emanuel. E quando Emanuel tem essa visão, ele ainda está com as informações de Iemanjá como a sereia, rainha do mar. Não tem ali Yemoja. Ainda é a informação errada da sereia europeia. Emanuel só se modifica lá em cima, na gameleira, quando dá o último grito. Foi muito difícil ele desfazer, eliminar essa mazela dentro dele.

ELN: E como você vê as Filhas de Santo?

LG: Eu vejo as Filhas de Santo como as figuras que conduzem Emanuel a uma tomada de consciência, e quando ele está pronto elas fecham o quadro, fecham a cortina; acabou. As Filhas de Santo abrem o espetáculo, conduzindo Emanuel àquela sua trajetória de busca do poder e de reconhecimento e resgate de sua ancestralidade e identidade. O figurino das

Filhas de Santo era vestido branco, amarrado atrás por laços enormes, imensos. Atualmente, eu reconheço essas três Filhas de Santo como se fossem as iabás, as mães ancestrais, as figuras femininas guardiãs, as mulheres pássaros que tanto abrem como fecham o caminho. As três filhas de santo têm poder. Elas não atuam na peça, quase. A missão delas é abrir, interferir pouquíssimo, sempre orientando, e fechar a cena. Elas terminam a peça com a frase, "missão cumprida". São as grandes mães africanas.

ELN: Léa, eu queria te ouvir sobre o evento "Estreia no Theatro Municipal". Como foi isso para você?

LG: Bom, a estreia foi incrível. Eu já tinha pisado no Theatro Municipal, fazendo a velhinha de *O Imperador Jones*. Eu fiz aquela velhinha, que por mais que me maquiassem eu não fiquei velha (*risos*). Eram riscos na cara para a pele ficar envelhecida, placa branca nas sobrancelhas, riscos na boca, toda maquiada para ficar velha... sem ficar velha.

ELN: Isso antes de *Sortilégio*?

LG: Antes de *Sortilégio*. Eu estreei ali, no Municipal, fazendo aquela velhinha de *O Imperador Jones*, de O'Neill. E depois eu fiz *Todos os Filhos de Deus Têm Asas* e *Onde Está Marcada a Cruz*, de O'Neill. Depois disso, então, veio *Sortilégio*, de Abdias. Os textos anteriores, de O'Neill, enfocavam a questão racial. *O Imperador Jones* tem lugar num país imaginário nas Antilhas, muito inspirado no Haiti de Henri Christophe, que se matou com uma bala de prata. As outras são peças de um autor estadunidense, visando acontecimentos com pessoas negras nos Estados Unidos.

A peça de Abdias é muito mais forte. Ela é mais próxima de nós. Nas outras peças, eu senti aquele medo de pisar o Municipal, receio daquela boca de cena enorme. Mas a peça de

Abdias foi emocionante, foi muito mais impactante, porque ela trazia a questão racial para o palco e para aquela elite sentada na plateia. Ele também, Abdias, trazia a questão racial para a sociedade. E para mim. Se não fosse Abdias, eu seria uma burguesinha também, porque eu estava sendo preparada para isso. Eu agradeço ao Teatro Experimental do Negro, agradeço a Abdias do Nascimento, ter me dado a oportunidade de conhecer a problemática do negro no Brasil e tudo que ele me passou durante a sua vida, até a morte. Abdias se tornou amigo meu. Enquanto homem e mulher, nós não dávamos certo nunca. A gente brigava. Depois ele foi meu amigo. Eu telefonava para ele e chorava, "Olha o que aconteceu..." Era meu amigo. Eu agradeço a Abdias por ter me levado a pensar sobre toda essa problemática.

ELN: Parece surpreendente o fato de o Theatro Municipal, naquela época, abrir o seu palco para *Sortilégio*.

LG: Quando fizeram *O Imperador Jones*, em 1945, a peça mexeu muito com a sociedade frequentadora do Municipal. Não foi diferente doze anos depois, quando fizemos *Sortilégio*. Mas agora tinha um agravante; não era um texto de nenhum autor estadunidense. Era um texto de um negro brasileiro considerado racista. Um negro ingrato, não querido por muita gente. E um texto revolucionário, que expunha situações de uma forma muito forte. O simbolismo de Margarida, muita gente não entendeu. Então as pessoas se sentiram todas incomodadas. Imagine o Municipal lotado de elite, para receber uma bofetada daquelas (*risos*).

ELN: Léa, você teve toda uma trajetória no teatro, no cinema, na televisão, sempre com essa consciência da questão racial. Eu queria saber como você vê

---

67 Wole Soyinka, *Myth, Literature, and the African World*, London: Cambridge University Press, 1976.
68 Abdias do Nascimento, Prólogo Para Brancos, em Abdias do Nascimento (org.), *Dramas Para Negros e Prólogo Para Brancos*, Rio de Janeiro: Teatro Experimental do Negro, 1961, p. 9-27.

a importância dessa peça na evolução da questão racial nesses meios.

LG: *Sortilégio* foi um marco dentro do teatro brasileiro e na dramaturgia teatral. Até então não havia acontecido nada igual. Nós tivemos outras peças de outros autores com temáticas ligadas à questão racial, mas essa peça tem muito mais força. Ela vem desmascarando tudo, por isso é poderosa. Então o autor tinha que ser muito corajoso para fazer o que fez. Ele despe a sociedade. Ele se despe. É sério. E mais, *Sortilégio* é um clássico, sim. E, para mim, é um texto trágico, semelhante à tragédia grega.

ELN: Sim, porque, na verdade, as forças que a tragédia grega traz como destino são forças sociais. É o que move *Sortilégio*.

LG: Justamente. É uma tragédia urbana moderna, mas é uma tragédia.

ELN: Mas há um receio, uma sensação de preconceito ao dizer isso.

LG: Há um preconceito com relação a comparar a peça à tragédia grega, mas eu sempre considerei a religião de matriz africana como uma mitologia. Você tem a mitologia romana, a mitologia grega e a mitologia africana da mesma forma.

ELN: Wole Soyinka fala disso quando considera o drama ritual africano[67]. Na verdade, é essa a base que sustenta a tragédia grega – como diz o próprio Abdias no seu "Prólogo Para Brancos"[68].

LG: É isso que eu quis dizer! Sempre consideram a civilização a partir da Grécia, mas não, meu bem; já se fazia teatro na África. Então, é a mitologia africana, sim. Abdias se baseou na mitologia africana e fez o texto dele enfocando a sociedade da época, que continua atual.

ELN: Léa, você se lembra de mais alguma coisa importante a dizer acerca da peça?

LG: Quem quiser saber mais alguma coisa sobre a peça, queira lê-la! Porque ela é maravilhosa.

COM ÂNGELO FLÁVIO ZUHALÊ

ELISA LARKIN NASCIMENTO: Hoje tenho a honra e a alegria de conversar com Ângelo Flávio, diretor e produtor da estreia mundial do texto definitivo da peça *Sortilégio*, de Abdias Nascimento. Essa produção foi realizada pela Companhia Teatral Abdias Nascimento no Teatro Vila Velha, Salvador, Bahia, em novembro de 2014, ano do centenário do autor. Tive o grande prazer de assistir ao espetáculo, que foi belíssimo! Ângelo, agradeço sua participação na nova edição do texto definitivo da peça. Vamos iniciar nossa conversa com a seguinte questão: por que você decidiu produzir e dirigir *Sortilégio* em 2014?

ÂNGELO FLÁVIO ZUHALÊ: Eu já havia tentado montar a peça antes, mas não conseguia apoio financeiro para a montagem. Então, fiz leituras dramatizadas, estudos em sala de ensaio, até que me inscrevi em um edital para comemorar os dez anos da Companhia Teatral Abdias Nascimento e o Centenário de Abdias Nascimento. Montar *Sortilégio* foi uma comemoração e, ao mesmo tempo, foi um grande desafio, em se tratando de montar o clássico do Teatro Negro no Brasil, que é *Sortilégio*.

ELN: A produção foi da Cia. Teatral Abdias Nascimento, correto? O que é essa companhia e por que ela tem esse nome?

AFZ: A Cia. Teatral Abdias do Nascimento (CAN) foi idealizada e fundada por mim enquanto estudante de graduação no bacharelado em Direção Teatral na Escola de Teatro da Universidade Federal da Bahia (UFBA), em 2002. Inicialmente, era um coletivo de estudo formado para ser uma contracorrente ao racismo epistêmico na universidade. Por isso, era formado exclusivamente por estudantes negros e negras, que se debruçaram a pesquisar a contribuição negra para o campo das artes cênicas no Brasil e no mundo. Juntos, passamos a discutir a constante ausência do negro em cena e no protagonismo dos papéis principais das grandes montagens, a inexistência do estudo da dramaturgia escrita por autores negros e a necessidade de sua aplicação na grade obrigatória curricular da instituição, além de debater o eurocentrismo nas universidades. O grupo se intitulava Coletivo de Atores Negros e Negras Abdias Nascimento, uma justa homenagem àquele que fundou o Teatro Experimental do Negro em 1944. Para a minha surpresa, ali nascia, também, a primeira Companhia de Teatro Negro em nível acadêmico do Brasil, que é a Cia. Teatral Abdias Nascimento. O CAN, até hoje, vem realizando atividades em que discute políticas afirmativas e ações de democratização da cultura. Se tornou uma das Cias de Teatro Negro mais premiadas do estado da Bahia, por conta das montagens sempre bem-sucedidas e elogiadas pela crítica especializada e público em geral, como, por exemplo, *O 14 de Maio*, *A Casa dos Espectros* e *Casulo*.

ELN: Antes de perguntar sobre aspectos específicos da peça *Sortilégio*, eu gostaria de ouvir como você a pensa de forma geral, em poucas palavras.

AFZ: Como tenho dito, estamos diante do Clássico do Teatro Negro no Brasil. A dramaturgia retrata um Brasil construído por forças sociais, culturais e econômicas onde percebemos que miscigenar e embranquecer é sinônimo de trânsito, mobilidade, garantia de direitos e prestígio internacional. A dramaturgia aponta, através das suas personagens centrais, Emanuel, Margarida e Ifigênia, os arquétipos para a edificação social desse país. Podemos ler e entender a trajetória do negro no Brasil através de *Sortilégio*.

ELN: Por que, na sua interpretação da peça, você desdobrou a personagem Emanuel em três?

AFZ: Bom, essa personagem é desdobrada em três primeiro por uma questão de logística temporal. Eu tinha dois meses para poder desenvolver essa peça, e um só ator, naquele momento, não iria dar conta, em tão pouco tempo, das diversas camadas da complexidade psicológica da personagem Emanuel. Eu precisaria de mais tempo para que isso fosse desenvolvido por um único ator. E a outra perspectiva foi conceitual, pois os disparadores da possível psicogênese da personagem central transitam por dimensões muito complexas e, ao mesmo tempo, paralelas. Então desmembrei Emanuel em três, e fui em busca das dimensões psicológicas da trajetória desse herói. E qual é a trajetória? Primeiro ele passa por uma trajetória que é a do homem negro fugindo da polícia. É esse homem negro em conflito, em fuga, fugindo da polícia, em desespero. A outra dimensão é da sua relação que não é do homem negro em fuga com a sociedade, mas sim a do seu conflito consigo mesmo. E a outra dimensão é esse homem em busca da redenção, do seu tempo espiritual, diante da fronteira do que é morte e do que é vida, do que precisa morrer e do que precisa viver. É exatamente nesse lugar. Então são três Emanuels: um Emanuel em relação com a sociedade em si, uma sociedade racista; um outro Emanuel em conflito consigo mesmo; e um outro Emanuel que está diante da fronteira do que é morte e do que é vida, do que precisa morrer e do que precisa renascer.

ELN: Nesse texto definitivo, escrito vinte anos depois da primeira estreia no Teatro Municipal do Rio de Janeiro, o autor introduz uma nova personagem, a ialorixá. Que novas dimensões ela traz para a peça?

AFZ: A personagem da ialorixá é uma sacerdotisa. Abdias deixa aberta, na sua obra, a escolha de ser um Babalorixá ou uma ialorixá. Eu optei pela ialorixá por uma questão do matriarcado em um mundo do patriarcado. Então a minha escolha é ideológico-política, preferindo a matriarca, até porque, no Brasil, foram as matriarcas que salvaguardaram as famílias. Até hoje, ainda são elas as mães, a mãe e o pai em grande maioria. Foram matriarcas as grandes sacerdotisas Iá [Iyá] Nassô, Iá [Iyá] Kalá e Iá [Iyá] Detá, as três rainhas que salvaguardaram o tempo cosmogônico da tradição de matriz africana no Brasil. E então, por isso, a escolha de uma ialorixá. Pensava na África como continente matriarcal e não patriarcal, nas vindas dessas mulheres, na sua existência e resistência/reexistência. Eram ialorixás. Essa é a dimensão histórico-social, ideológica. E quanto à dimensão poética-artística, dentro da obra, a ialorixá é a sacerdotisa, a grande porta-voz do oráculo. Então, ela está zelando pela cabeça, pelo ori de Emanuel. Ela antevê, através do oráculo, a trajetória do ori de Emanuel. O ori, a cabeça que busca o orixá. Ela percebe, ela lê, ela é aquela que se comunica. Por isso ela está também junto com ele, preparando-o para o que deve morrer e o que deve renascer.

ELN: Qual foi a sua forma de apresentar as filhas de santo? Como você as vê?

AFZ: As filhas de santo, as iaôs, representam ali o povo de santo. E um povo de santo está o tempo inteiro tomado por uma ancestralidade, presente e viva. O iaô faz a iniciação e é aquela pessoa preparada para receber o orixá. Nesse aspecto, o iaô é diferente do ogã. São pessoas que se preparam, se disciplinam, para receber a sua ancestralidade. É o *religare*, são pessoas preparadas para o *religare*.

ELN: Em relação ao texto, você transformou a forma de elas estarem no palco?

AFZ: Não necessariamente. Sou muito fiel e fidedigno ao texto em suas falas, na sua estrutura. Mas eu uso licenças poéticas e algumas outras pinturas para aquilo que eu vejo por trás das iaôs.

ELN: Para mim, talvez eu esteja enganada, havia uma presença de Pombagira ao longo da peça, que eu não lembrava dentro do texto. Pombagiras no plural, como se fossem porta-vozes dessa espiritualidade. Para mim, essa ancestralidade ficou expressa através de uma referência reiterada à Pombagira e na voz das iaôs.

AFZ: Essa é uma licença poética que estou usando para o momento em que o próprio Emanuel está em conflito com as suas razões e com as suas certezas. Essas mensageiras perguntam se ele esqueceu, se ele não está lembrado do que aconteceu. É um plano abstracional, poético, meu. São as projeções do próprio Emanuel. Como qualquer ser humano que vive os seus conflitos. A gente, no dia a dia, vive esses conflitos, perguntas e respostas. E nem sempre são pessoas encarnadas que falam. Às vezes somos nós mesmos, com as nossas projeções, que nos perguntamos, e às vezes fugimos inclusive das nossas respostas. Emanuel é um homem que foge para se encontrar.

ELN: E como você vê a figura de Exu na sua interpretação da peça?

AFZ: A figura de Exu, acho que é bem óbvia na minha interpretação. Ele é, de fato, o mensageiro. É aquele que leva Emanuel para o terreiro. É o grande provocador. Ele provoca a dor. Por isso, também, ele eleva Emanuel à sua libertação. Ou seja, ele liberta a ação de Emanuel.

ELN: E nesse libertar a ação, nós temos a figura do Ogum, que é o guerreiro, e há o momento em que Ifigênia, em vez de desaparecer, surge ao lado de Emanuel. Ela vai liderar o quilombo. Como você vê a presença de Ogum nessa parte da narrativa?

AFZ: Ora, Abdias traz Ogum na perspectiva semiológica, do arquétipo da personagem. Porque Ogum é a ruptura, é a guerra, ele é o movimento. E Ogum vem para a cena trazendo o arquétipo da ruptura. Ogum entra nessa perspectiva, daquele que rompe, que abre o caminho. Ele é o movimento em caminho. Então as pessoas muitas vezes o confundem com Exu. E, quanto à personagem Ifigênia, do ponto de vista que você está colocando, quando ela aparece, de fato, ao lado e lidera o quilombo, já é na perspectiva da segunda versão da obra. Porque no primeiro texto, ela não é uma mulher que empodera a espada. Na nova versão, ela encarna o Orixá empoderada com uma espada. Eu acho que aí Abdias faz uma retomada muito sábia e consciente da importância das mulheres negras. Quando ele atualiza a obra, ele o faz também nessa perspectiva, da importância das mulheres, e principalmente a perspectiva daquelas pessoas que se prostituíram na vida, para somente no final retomar e empunhar sua espada. É a mensagem de que não há mais tempo de prostituição ideológica. Não há mais tempo de prostituição da sua vida. É necessário você retomar sua espada, empunhar sua espada e se manter de pé. E é isso que Ifigênia traz: o arquétipo da prostituição da população negra.

ELN: De acordo com Wole Soyinka, Ogum é o ferreiro. Ele rompe a barreira do cosmos para levar o povo a uma outra dimensão, que é quando ele passa da idade anterior à tecnologia do ferro, para o domínio da tecnologia do ferro. Então esse rompimento da barreira cósmica que Ogum faz, para Wole Soyinka, é o desvelamento de uma nova era para a humanidade, de uma conquista. Então, para além da ruptura, me parece que também existe uma construção. Eu, quando vejo a figura do Ogum e penso no rompimento da barreira cósmica, além de apenas ruptura eu vejo a construção de uma nova coisa, que é o quilombo, que Abdias coloca no palco. E eu vejo isso como simbolizado no papel de Ogum na conquista da tecnologia do ferro.

AFZ: Não, eu não vejo por aí não. Eu acho que tem ali, de fato, Ogum como essa personificação da ruptura. Ogum, ele abre caminho, e para abrir caminho é necessário romper, se mover, se movimentar. Emanuel já está aí no quilombo. Ele não representa a construção do quilombo. Emanuel vai para o quilombo, e o quilombo é o terreiro. O terreiro é o quilombo. O quilombo já existe. Não existe a construção dele. Existe a ida de Emanuel ao quilombo. Ou seja, ele foge para se encontrar, ele foge para ir ao encontro dos seus. É um retorno, é um Sankofa. É preciso compreender que toda a obra é uma grande metáfora do Sankofa.

ELN: Perfeito! Ângelo, eu gostaria de ouvir você sobre a personagem Margarida.

AFZ: A personagem Margarida, na obra, é a pessoa com quem Emanuel se casa. Emanuel se casa com Margarida. E por que Emanuel se casa com Margarida? Na obra, é uma mulher que já não tinha virgindade. Ela não era uma pessoa virgem, ou seja, já não era uma pessoa pura. A virgindade vem como metáfora da pureza. Então a gente está falando de uma Europa já transversalizada por diversas outras culturas. Já não é uma Europa virgem. É uma Europa que transita outros continentes e deflora outras virgindades. E esse Emanuel, negro brasileiro, se casa com essa Europa, não virgem, deflorada. E quando ele se casa com ela, ele se casa porque ele precisa dar visibilidade ao seu corpo negro. Tal qual o negro brasileiro. O negro brasileiro aqui, ele precisa se casar com o colonizador. Ele precisa estabelecer o matrimônio com a língua portuguesa, se ele quiser se comunicar. Ele precisa estabelecer o matrimônio com o comportamento português se ele quiser sentar-se à mesa. Ele precisa ter um comportamento, ou seja, se casar com a cultura branca. E no feminino: *a* cultura. A cultura. Então, é um casamento metafórico, um casamento com a cultura branca para dar visibilidade ao seu corpo negro, à sua existência. Mas no ato em que ele se casa com essa outra cultura porque ele quer existir – porque ele quer existir –, ele se encontra perdido. Ele se perde. Esse é o conflito, o deslocamento de todos os colonizados. A África diaspórica traz essa representação dos deslocamentos daqueles que foram arrancados dos seus territórios e se encontram perdidos. Emanuel se encontra perdido e precisa fazer o retorno. O retorno de Emanuel é quando ele mata a cultura que o dispersa de si. Então, a morte ali não é uma morte física. É a morte do que ele precisa estancar para se encontrar. Ele só se revê, só se retoma como negro quando esse casamento acaba. Quando esse casamento estanca é que ele faz o retorno. É quando ele encontra Exu, é quando encontra Ogum, é quando ele diz: "eu não preciso mais disso". Ele diz que encontrou a sua voz. Ele se encontra liberto disso tudo. Toda a obra é uma grande metáfora do ser negro no Brasil. E Abdias cria a metáfora ali do Sankofa: o negro que precisa fazer o retorno para se encontrar e não se ver perdido diante da colonização, diante da violência colonial. Para que ele possa filosofar em sua própria língua, em suas próprias tradições. Para que ele não se sinta burro, perdido, é preciso ele fazer esse retorno. Aí sim, ele consegue fazer uma comunicação para aquilo que é dialógico.

ELN: Você já falou sobre a questão da prostituição de Ifigênia, mas eu gostaria que você a comentasse a partir de um certo momento da peça; o incidente em que os policiais pensam que Emanuel está agredindo Margarida, e Margarida protesta: "Ele é meu noivo... Meu noivo... estão ouvindo?" E Ifigênia aparece. Margarida diz, sobre a virgindade, "Nunca supus que os homens fizessem questão de coisa tão sem importância." E Ifigênia replica: "Sem importância para você. Eu, desde o instante em que perdi minha 'importância', tive meu caminho traçado; o caminho da perdição. Não houve escolha." Eu queria que você comentasse isso.

AFZ: Deflorar o outro, tirar a virgindade do outro, interferir no outro não é tabu para essa Europa. Se não tem nenhum tipo de importância deflorar a virgindade do outro, então não tem importância ser virgem. Mas uma África deflorada, que foi violentada, ela perde sua importância diante do mundo. É uma perspectiva da África colonizada. O mundo se pergunta por que essa África se deixou ser deflorada, colonizada? O mundo fala dessa maneira! E a África vai protestar, nunca se deixou ser colonizada, ela foi estuprada!

ELN: Assim como o patriarcalismo fala que a mulher se deixa ser violentada, convida o deflorador. Por outro lado, tem aquele ditado *dura lex, sed lex*. A lei protege a virgindade branca. O lugar da pureza é colocado teoricamente para a mulher branca.

AFZ: É um jogo semiótico, simbólico. Pelo menos da maneira em que eu traduzo. Eu penso dar uma aula sobre esse texto nos meus cursos sobre teatro negro. Eu vou tratar de *Sortilégio* nessa dimensão simbólica. Não se trata de personagens chapadas enquanto indivíduos, mas da dimensão simbólica e arquetípica dessas personagens. Porque essa obra é um clássico. Ela não está ali tratando apenas do conflito de uma personagem que foge, vai parar no terreiro ao fugir da polícia. Essa obra trata de algo muito maior. Ela fala do ser negro no Brasil, do ser branco no Brasil, da importância da religião para a reconstrução de uma África perdida, de um corpo perdido, de uma memória perdida. Então Abdias traz ali a África, o povo de santo, uma mãe de santo simbolizando uma nação negra, um povo negro, um povo de santo. Ele traz a visão da cidade africana. É uma nação, é um povo. Essa retomada é retomada ao seu povo. É um retorno aos seus. E quem é que leva ele para fazer esse retorno? Exu, o senhor das encruzilhadas. Exu, o mensageiro dos caminhos. Aquele que conhece os caminhos pega esse homem em crise, esse homem perdido. Perdido no seu livre exercício do direito, porque ele é um advogado. Perdido no caminho em busca do direito. O que ele faz? Emanuel é um homem negro que se forma em direito, é um advogado. Então, ele se casa, ele vai em busca dessa cultura do livre exercício do direito num mundo colonizado. E justamente quando ele se forma advogado e vai em busca desse direito, ele se vê perseguido. Então não basta simplesmente conhecer a lei. Não basta isso para ele. Esse direito também é uma grande questão na obra. Tudo ali, metaforizado.

ELN: Qual a sua palavra final sobre a peça?

AFZ: Com certeza, vamos assistir ainda muitas novas montagens desse texto clássico do teatro brasileiro!

▶ *Capa do programa da encenação de estreia no Teatro Municipal do Rio de Janeiro em 1957, com desenho de Enrico Bianco.*

SOBRE O AUTOR E OS COLABORADORES

ABDIAS NASCIMENTO

Nasceu em Franca, São Paulo, em 14 de março de 1914. Foi fundador do Teatro Experimental do Negro, no Rio de Janeiro, e seu diretor até 1968, quando, alvo de perseguição política, se autoexilou nos Estados Unidos em razão da intensificação da violência estatal decorrente do Ato Institucional n. 5.

Escritor, artista visual, dramaturgo, deixou um legado cultural incontornável através do TEN, Teatro Experimental do Negro, das pinturas que realçam sua ligação com a cultura africana e dos livros que denunciam o racismo e a violência das relações étnico-raciais no Brasil, propondo caminhos para a construção de uma sociedade diversa, inclusiva, mais justa e menos desigual.

Iniciou nos EUA suas atividades como conferencista visitante na Yale School of Drama, em New Haven, e *visiting fellow* da Universidade Wesleyan, em Middletown. Em 1970 tornou-se professor titular de Culturas Africanas no Novo Mundo da State University of New York, em Buffalo, e passou a ser diretor do Puerto Rican Studies and Research Center dessa mesma universidade. Na qualidade de artista visual, exibiu suas pinturas em museus, galerias, universidades e centros culturais em diversas cidades e regiões dos Estados Unidos.

Abdias Nascimento foi ainda uma das mais importantes e brilhantes lideranças do Brasil, dedicando-se intensamente ao enfrentamento do racismo. No limiar e no início da década de 1980, lança suas teses do genocídio do negro brasileiro e do quilombismo. Retornando do exílio, se dedica à reconstrução da democracia e à política institucional, pondo em pauta no Congresso as questões raciais e formulando, pela primeira vez, propostas legislativas de políticas públicas de reparação.

Faleceu no Rio de Janeiro, em 23 de maio de 2011.

ÂNGELO FLÁVIO ZUHALÊ

É ator, diretor, produtor, iluminador, dramaturgo, roteirista, preparador de elenco e repórter. Bacharel em Artes Cênicas com habilitação em Direção Teatral formado pela Escola de Teatro da Universidade Federal da Bahia – UFBA (2006). Artista premiado e polivalente, ele fundou a primeira companhia de teatro negro em território acadêmico do Brasil, a Cia. Teatral Abdias Nascimento na UFBA (2002). Paralelo à sua carreira profissional, Ângelo Flávio é um ativista que luta em defesa das causas sociais, temas sempre recorrentes em suas premiadas montagens.

SOBRE O AUTOR E OS COLABORADORES

ELISA LARKIN NASCIMENTO

É mestre em Direito e em Ciências Sociais pela Universidade do Estado de Nova York (EUA) e doutora em Psicologia pela Universidade de São Paulo (USP). Atua no Instituto de Pesquisas e Estudos Afro-Brasileiros (Ipeafro), que fundou com Abdias Nascimento em 1981. Curadora de exposições do acervo de Abdias Nascimento e do Museu de Arte Negra, ela conceituou o fórum Educação Afirmativa Sankofa e escreveu e organizou diversos livros, entre eles *O Sortilégio da Cor: Identidade, Raça e Gênero no Brasil* (Selo Negro), os quatro volumes da coleção Sankofa (Summus), *Adinkra: Sabedoria em Símbolos Africanos* (Pallas) e *Abdias Nascimento, a Luta na Política* (Perspectiva).

JESSÉ OLIVEIRA

É gestor cultural, autor e diretor de teatro e mestre em Artes Cênicas pela Universidade Federal do Rio Grande do Sul. Fundador do grupo Caixa-Preta, de Porto Alegre, dirigiu mais de quarenta espetáculos, apresentados em todo o Brasil e na América Latina. Dirigiu *Das Pferd des Heiligen* na Alemanha, com texto de Viviane Juguero e argumento do diretor. Recebeu o prêmio Florêncio de Melhor Espetáculo Estrangeiro no Uruguai, por *Hamlet Sincrético*. Tem livros publicados nos campos do teatro de rua e teatro negro. Dirigiu a Casa de Cultura Mário Quintana e atualmente é coordenador de Artes Cênicas da Secretaria Municipal de Cultura (SMC) de Porto Alegre.

LÉA GARCIA

É atriz de teatro, cinema e televisão. Iniciou sua carreira no Teatro Experimental do Negro, em 1952, com *Rapsódia Negra*, de Abdias Nascimento. Atuou na peça *Orfeu da Conceição* (1956) e no filme *Orfeu Negro* (1959). Indicada à Palma de Ouro, ela conquistou o segundo lugar no Festival de Cinema de Cannes. Interpretou Josephine Baker na *Piaf* de Bibi Ferreira (1983). Em 2004, ganhou o prêmio Kikito e o do júri popular, no Festival de Cinema de Gramado por *Filhas do Vento*, filme dirigido por Joel Zito Araújo. Esses são apenas alguns exemplos da rica carreira dessa atriz negra que em breve celebrará seus noventa anos.

NEI LOPES

Além de músico e compositor, é autor de uma extensa obra literária e de pesquisa constituída por contos, crônicas, poesias, romances, peças de teatro, dicionários e enciclopédias. Militante dos direitos civis e humanos do povo negro, ele atuou com Abdias Nascimento na Secretaria de Defesa e Promoção das Populações Negras do Governo do Rio de Janeiro e foi assessor da presidência da Fundação Cultural Palmares. A Universidade Federal do Rio Grande do Sul - UFRGS outorgou-lhe o título de Doutor Honoris Causa (2017).Ver mais em: <https://www.cartacapital.com.br/>.Acesso em: 21 mar. 2022.

▲ (no alto) *Filhas de Santo na montagem de 1957.*
▼ (embaixo) *Cena que reúne Emanuel, Ifigênia, Margarida* (Helba Nogueira) *e as Filhas de Santo na encenação de 1957.*

OBRAS DE ABDIAS NASCIMENTO

Sortilégio (Mistério Negro). Rio de Janeiro: Teatro Experimental do Negro, 1959.
Dramas Para Negros e Prólogo Para Brancos: Antologia de Teatro Negro Brasileiro. Rio de Janeiro: Teatro Experimental do Negro, 1961.
Teatro Experimental do Negro: Testemunhos. Rio de Janeiro: GRD, 1966.
O Negro Revoltado. Rio de Janeiro: GRD, 1968.
"Racial Democracy" in Brazil: Myth or Reality? Tradução de Elisa Larkin Nascimento. Ibadan: Sketch, 1977.
O Genocídio do Negro Brasileiro: Processo de um Racismo Mascarado. Rio de Janeiro: Paz e Terra, 1978. (São Paulo: Perspectiva, 2016.)
Sortilege: Black Mystery. Tradução de Peter Lownds. Chicago: Third World Press, 1978.
Sortilégio II: Mistério Negro de Zumbi Redivivo. Rio de Janeiro: Paz e Terra, 1979.
Mixture or Massacre?: Essays in the Genocide of a Black People. Tradução de Elisa Larkin Nascimento. Buffalo: Afrodiaspora, 1979.
O Quilombismo: Documentos de uma Militância Pan-Africanista. Petrópolis: Vozes, 1980. (São Paulo: Perspectiva, 2019.)
Sortilege II: Zumbi Returns. Trans. Elisa Larkin Nascimento. In: William B. Branch (ed.), *Crosswinds: An Anthology of Black Dramatists in the Diaspora*. Bloomington: Indiana University Press, 1993.
Africans in Brazil: A Pan-African Perspective. Com Elisa Larkin Nascimento. Trenton: Africa World Press, 1991.

Este livro foi impresso na cidade de Cotia,
nas oficinas da Meta Brasil,
para a Editora Perspectiva